JN268843

マクロ／ミクロ 貿易取引

【第二版】

山田 晃久 著

学文社

第二版に際して

　第一版を出版して以来,いつのまにか 8 年余の歳月が流れてしまった。

　その間に国際取引の外部環境条件がめまぐるしく変化してきている。マクロ環境では,ソ連社会主義の崩壊による資本主義の市場経済の飽くなき拡大と世界秩序としての GATT から WTO (世界貿易機関) 体制の実現,ユーロ誕生など,ミクロ環境ではグローバル化の名のもとに,IT (情報技術) や FT (金融技術) の普及による国境を越えた「電子商取引」の出現などは,大きく実体的貿易取引の秩序を変革させようとしている。すなわち,筆者が第一版で主張しているマクロを意識したミクロの貿易取引に関する把握と将来的配慮の必要性が,ますます現実となってきているといえよう。

　バブル経済がはじけてからここ10年ほど,日本経済は低迷状態であるが,輸出志向型のわが国はあいかわらず貿易収支が黒字であり,企業レベルでも貿易部門が唯一の抜け穴といっても過言ではない。しかし,輸出だけを伸ばせば貿易摩擦に遭遇するので,海外生産と多角的貿易取引 (たとえば,通常の輸出入のほかに委託加工貿易,加工貿易,仲介貿易等) のバランス化がどうしても不可欠となる。

　わが国でも,1998年 4 月 1 日から施行されている「外国為替及び外国貿易法」(改正外為法) への抜本的改正に伴い,貿易手続きや決済上の変更が貿易取引の仕方に大きく影響を与えている。

　このような状況下では,本書も改訂を余儀なくされているので,今回は法規則の改正部分に焦点をあてた。

　第II章では外為法の改正に伴う貿易手続きの変更,第III章のインコタームズ2000年改訂版の追加,第IV章の輸出入通関手続きの変更,第V章では特殊決済方法の廃止,第VI章の「輸出取引の事例」における手続き書類の変更などが主な改訂部分である。

　とくに,改正外為法に伴う輸出入報告書や特殊決済の廃止,外為公認銀行・両替商等制度の廃止,居住者間の外貨建て決済,外国預金口座の自由化などが

旧来の貿易取引に対して弾みをつけるといえる。また，Sea NACCS は1999年10月のシステム変更により，対象業務が拡大されてきている。

　いずれ本書における他の章の改訂・追加を行いたいと考えているが，貿易取引の基本に変わりがないことを読者の皆様にはご留意願いたい。

　最後に，第二版の刊行にあたっては，第一版からお世話になっている学文社の稲葉由紀子編集長に多大なご協力を賜り，深く感謝する次第である。

2000年3月

山 田 晃 久

はしがき

　本書のねらいは，マクロ視点からミクロの貿易取引をいかにとらえるべきかといった方法をとるものであって，おそらくこれは新しい試みであろう。

　経済学やマーケティング分野にも「マクロ・ミクロ」レベルのものが存在するのであるから，国際取引とくに貿易取引にも同じような論理があてはまって当然しかるべきと考えられる。とりわけ昨今では，貿易取引における不祥事が頻発しているし，貿易摩擦問題なども常に絶えず，これらの諸問題はかならずや貿易手続きにフィードバックしてくる。たとえば，日本企業による戦略物資の輸出が外為法の一部改正にもつながり，一時期の半導体の集中豪雨的輸出が日米半導体協定に進展し，輸出手続きの変更などが頻繁となってきた。

　わが国は明治維新以降，貿易取引とくに輸出活動を軸として貿易政策を絡ませながら経済成長を遂げ，今日の富みと技術力を蓄積してきたといっても過言ではない。しかしながら，このような単純な経済論理に基づく，開発途上国的パターンに限界が生じたといえよう。今や，国際ビジネスは，「ハードの時代からソフトの時代」へ移行しつつある。つまり，わが国は明治維新から国是としてきた貿易の原点について再点検し，技術移転・海外生産などと連動させ，かつ世界の人びとがもつ多様な文化的価値観の相違をふまえて，現在形成されつつある新しい世界秩序においてその未来像を把握しなければならない。

　貿易取引の実務一つとっても，商業英語とともにすでに明治時代から今日に至るまでわが国大学で教えられてはきたが，現在ではその変革が迫られているといって，決していいすぎではあるまい。本書は，このような意味合いからも練りあげられ，『マクロ・ミクロ　貿易取引』といった題目をつけた一つの理由もまたそこにある。ミクロの貿易取引はマクロの貿易政策ともっとも近接し，その政策によって一般的には対外取引の貿易に働きかけ，その国の経済厚生を高め，円満な均衡的発展をはかる。この理論的根拠としては，比較生産費説による自由貿易論や，国内産業保護を意図とする伝統的な保護貿易論などがある。いわば，実践の最先端をいく貿易取引論は，貿易政策論や貿易理論と密接に相

互に連動・補完し合い，いずれをも軽視できないということになる。

　本書の構成は，三部に分けて第一編の「マクロ編」，第二編の「ミクロ編」，第三編の「応用編」とした。第一編のマクロ編の第Ⅰ章「貿易取引とはなにか」では，貿易取引や貿易戦略などはミクロでありマクロそのものではないが，要は貿易取引をマクロ・レベルでとらえたならば，いかにあるかを意味し，誤解のないように留意願いたい。わが国の貿易取引の背景を述べ，現在における海外生産の行動特性も分析を試みた。日本企業の「弾力的貿易経営戦略モデル」によって，現在までの日本企業の貿易取引行動特性を整理したつもりである。アメリカ合衆国のマーケティング・ミックスとわが国の取引条件要素を対置し，それを日本企業の戦略要素と解した。さらに，今日のマーケティング分野でクローズアップされている「交換関係」について「日本型企業組織網の均衡化理論」(第Ⅷ章も参照)をもってして，日本企業の実践ではアメリカよりも先行していたのではないかといった問題を提起した。二国間の貿易取引から海外生産に到達する過程で，三国間貿易の役割を分析した。第Ⅱ章では，貿易政策との関連で貿易摩擦を主に異国間の価値観の相違に基づく「感情的摩擦」と理解し，さらに貿易政策の具体的方策としての法体系の外為法について述べ，企業だけではカバーしきれないリスクをてん補する貿易保険制度にもふれた。

　第二編のミクロ編の第Ⅲ章においては，取引条件の法的・商的な意義解釈を「法的は健全な貿易取引の**維持と安定の効果**，商的はその**発展の効果**」と区別した。第Ⅳ章・Ⅴ章では，通常の輸出入取引の通関手続き，貿易決済・金融に関して述べ，第Ⅵ章において主として相互作用に基づく貿易コミュニケーションの役割を説明した。第三編の応用編の第Ⅶ章では輸出取引の事例をあげ，第Ⅷ章ではミクロ・マクロの接点を求める仲介貿易に関する試論を述べた。

　最後に，本書は一試論を提起しているのであって，いろいろなご批判・ご叱正を仰ぎ，今後の筆者の研究活動の糧としたい。本書の刊行にあたっては，学文社編集部の稲葉由紀子氏に多大なご協力を賜り，深く感謝する次第である。

1991年9月

山　田　晃　久

目　次

第1編　マクロ編

第Ⅰ章　貿易取引とはなにか··10
1　貿易のナショナリズムとグローバリズム·····································10
　(1)　企業文化················10　(2)　多国間貿易·····················11
　(3)　比較優位の原理···12
2　貿易の移り変わり···13
　(1)　商社を中心とする戦前の貿易·······································13
　(2)　メーカーを中心とする戦後の貿易··································14
3　貿易のメカニズムと基本的な研究分野·································17
　(1)　貿易はなぜ行われるか···17　(2)　貿易の基本的な学問研究分野······20
4　貿易取引のフロー···22
　(1)　貿易取引の意味············22　(2)　貿易取引の具体的行為のフロー···23
5　貿易戦略··26
　(1)　貿易取引条件要素とマーケティング・ミックス····················26
　(2)　日本企業の「弾力的貿易経営戦略モデル」···························31
6　貿易と海外生産···37
　(1)　二国間貿易から三国間貿易·······································37
　(2)　経済的・社会的交換モデル（Network Triad）·····················39
　(3)　日本型企業組織網の均衡化理論······································43
　(4)　日本企業の課題··46

第Ⅱ章　貿易管理制度···49
1　貿易政策とはなにか···49
　(1)　貿易政策の意味··49
　(2)　貿易政策としての文化交流基金システム···························50
2　貿易摩擦の背景···51

 (1) 戦後から1980年代初期までの摩擦問題 …………………51
 (2) その背景と対象製品 ………………………………………52
 (3) 1980年代初期から現在までの摩擦問題 …………………59
 (4) 今後の展望と対応 …………………………………………62
3 外為法……………………………………………………………66
 (1) 外為法の背景 ………………66 (2) 旧外為法 ………………68
 (3) 新外為法 …………………………………………………69
 (4) 改正外為法「外国為替及び外国貿易法」………………70
 (5) 改正外為法に伴う貿易手続きおよび制度面等の変更 …70
 (6) 外為法と関連法規 …………………………………………74
4 貿易保険制度……………………………………………………75
 (1) 貿易保険制度の背景 ………75 (2) 現行の貿易保険制度 ……77

第2編 ミクロ編

第Ⅲ章 貿易取引契約と取引条件……………………………………82
1 貿易取引契約とはなにか ………………………………………82
2 取引条件の法的・商的な意義 …………………………………83
3 一般的取引条件…………………………………………………83
 (1) 一般的取引条件と個別的取引条件の違い ………………83
 (2) 一般的取引条件の基本的な構成要素 ……………………85
4 貿易取引契約成立後のプロセス………………………………98

第Ⅳ章 輸出入通関手続き・船積み・船卸しのフロー ……………100
1 輸出通関手続きと船積み ……………………………………100
 (1) 検査・包装・検量 ………100 (2) 輸出申告・許可 ………102
 (3) 貨物の積込み ……………102 (4) 船積み案内・書類送付 …104
2 輸出入取引の基本的な相違 …………………………………105
3 船卸しと輸入通関手続き ……………………………………105
 (1) 船積み案内・書類整備 …106 (2) 船卸し ……………………106
 (3) 輸入申告 …………………107 (4) 輸入許可・貨物の引取り …109

第V章　貿易決済・金融の仕組み …………………………………111
1　荷為替手形の背景 ……………………………………………111
2　貿易決済の方法 ………………………………………………112
3　信用状に基づく荷為替手形（L/C）…………………………113
　(1)　信用状の種類 …………113　(2)　信用状と貨物のフロー ………114
　(3)　信用状と荷為替手形……………………………………………115
4　信用状に基づかない荷為替手形（D/P・D/A）……………116
　(1)　取立統一規則 …………116　(2)　輸出手形保険制度 ………117
　(3)　D/P・D/A の種類と役割 …………………………………117
5　船積書類と銀行ネゴ …………………………………………118
　(1)　船積書類の意味 ………118　(2)　指図式船荷証券 …………118
　(3)　銀行ネゴ ………………………………………………………119

第Ⅵ章　貿易コミュニケーション …………………………………121
1　ビジネス・コミュニケーションの役割と動向 ……………121
　(1)　対外コミュニケーションが遮断されたならば ……………121
　(2)　コミュニケーション手段の移り変わり ……………………122
　(3)　多角的コミュニケーション――言語的・非言語的媒体――…………123
2　ビジネス・コミュニケーションとはなにか ………………125
　(1)　ビジネス・コミュニケーションの意味 ……………………125
　(2)　ビジネス・コミュニケーションの具体例 …………………127
3　貿易コミュニケーションのフレームワーク ………………129

第3編　応用編

第Ⅶ章　輸出取引の事例 ……………………………………………132
1　VTR の対英向け輸出取引 …………………………………132

第Ⅷ章　三国間貿易と国際マーケティング ………………………152
1　日本企業の貿易取引活動の外延的拡大 ……………………152
2　三国間貿易取引と国際マーケティングとの関連性 ………154

3 三国間貿易実務の取引契約例の検討 …………………………………159
  (1) 三国企業間の貿易取引契約書等 ……………………………………159
  (2) 三国企業間の信用状 ……164 (3) 三国企業間の船荷証券 ………167
  (4) 三国企業間の検査証明書等 …………………………………………167
4 クモの巣組織網均衡化理論 ………………………………………………169

　　主要参考文献 ……………………………………………………………173
　　索　引 ……………………………………………………………………176

第1編　マクロ編

第Ⅰ章　貿易取引とはなにか

1　貿易のナショナリズムとグローバリズム

(1) 企業文化

　貿易とは，国境を越えて行う商取引である。その取引が国境を越えなければ，国内取引である。したがって，貿易取引にしても国内取引となんら違わないと考えれば，さして問題とならないはずである。

　しかしながら，異なる国ぐにの人びとを相手にするから，言葉，習慣，政治，法律，通貨などが違い，難しくなりがちになる。半面，いったんその国に慣れてくれば，貿易取引はむしろ国内取引よりも面白くなる。というのは，異質の文化に接触することは，われわれの好奇心をそそり，相手国の人びとに共感(sympathy)を感じるようになるからである。たとえば，相手国の言葉が分からない多くの日本人が，韓国，台湾，中国などではあまり違和感を感じないで取引を行っている場合である。

　第二次世界大戦以降（以下，第二次世界大戦後を「戦後」，それ以前を「戦前」という），とくに1950年代は多数のアメリカ合衆国（以下，アメリカという）の輸入業者やメーカーが来日し，東京の一流ホテルに滞在し，日本のサプライヤーを呼びつけ，主に価格交渉を行ったものである。売り込みの日本側は，慣れない英語を駆使してサンプルを見せながら，とりわけ雑貨などの分野ではいかにして同じ日本側の競争者よりも一層安い値段をオファーし出し抜くかが勝負どころであった。家庭用ミシンは，当初FOB価格が24米ドル程度であったものが，日本側の超過当競争がたたって，いつのまにか16，7ドルにまで低落し，ついにはチェックプライス制が導入されるはめになった。まさにこれは，当時の日本企業の行動特性を物語るものであった。

しかしながら，このような日本的企業が多いなかにあって，現在のソニー(前身は，東京通信工業)は，最初から自社ブランドに基づいてトランジスターラジオを相対的に高価格で販売する輸出戦略を展開した。今日の国際市場で，ソニーに対して高価格・高品質といった人びとのイメージが定着しているのは，スタートの段階から独自の企業理念をもっていたからであろう。つまり，当時の貿易環境ではソニーの企業文化(企業組織の共有する価値観・信念・行動パターン)は，特有，かつ他社が模倣のできないものであったがゆえに，経済的効果を生む原動力となり，一中小企業から頭角を現わし，今日の繁栄をもたらしたといえる。

(2) 多国間貿易

　従来のわが国の貿易構造は，原材料を輸入し，それを加工し付加価値のある製品を輸出するパターンであった。現在では，製品輸入比率は以前の約20〜30％から50％程度に増加し，より一層付加価値の高い半導体，ファクス，パソコンなどの輸出比率が増加してきている。摩擦問題の多い自動車は現地生産に切り替えたり，費用条件があわなくなった14インチのカラーテレビなどはアジア諸国で生産し，従来の国際市場に供給し，いぜんとして競争優位を保持している。

　といって，アメリカがおかした国内の産業空洞化の轍をわが国は今のところふんではいない。なぜならば，アジアで生産する製品にしても，かならずやその心臓部の部品は，日本企業は本国から供給している場合が多いからだ。これは，日本の対アジア諸国の貿易収支の黒字額をみても判断できる。韓国企業の経営者が語るところによれば，日本から完成品の部品の大半を輸入するので，たとえ製品として韓国から輸出したとしても，日本のために輸出しているようなものだというのは，まさにこれを象徴している。アメリカはこのことにすでに気づき，たとえ日本以外で生産しても，日本ブランドであれば輸入規制できるような政策を講じている。いわば，現在の日本企業の貿易は，単なる本国における輸出入取引だけでなく，海外生産をプラスさせ，仲介貿易，中継貿易などの多角間貿易を拡大させているのである。

このように国際間の取引ではボーダレス・エコノミーの「ナショリズム」と「グローバリズム」のコンフリクトが生じ，とくに国家のナショナリズムが台頭してくるのは，過去の国際貿易の歴史となんら変りない。たとえば，明治維新から約120年たった現代において日米構造協議を行ったことは，明治政府の居留地貿易政策によって実現できなかった国内流通構造の部分にメスがようやく入り込み，わが国の外圧がなければ変化しないような弱点のウミを再び摘出する試みとも解される。

(3) 比較優位の原理

国際分業の結果として，二国間における一国が相対的に生産費の低い産業に特化するといった古典経済学派のD. リカードの比較優位の原理は，今日でもある意味では生き続けている。昨今の米ドル安・円高による費用条件の変化が，日本企業の対アジア諸国への進出する一契機となった。さらに，日本企業は先進諸国市場などで日本から従来の輸出活動により差別化製品をその流通機構にのせてきた競争優位性を保持していたから，三国間貿易に基づいてアジアで生産された日本輸出代替の製品を供給するのである。アジア企業の優位性は効率的コストの供給面の「有形的比較優位」(Tangible Comparative Advantage)，日本企業の比較優位はニーズの多様化時代における主に需要面の「無形的比較優位」(Intagible Comparative Advantage) と呼べよう。つまり，日本企業は他のアジア企業がいまだ確立させていないようなブランド，流通チャネル，経営技術，開発技術，アフターサービスなどの無形的比較優位を国際市場でようやく定着させたのである。

しかしながら，アメリカはこれらの日本企業の海外生産・貿易の動きを阻止するから，アメリカでの現地生産に切り替えれば，そこでまた摩擦問題を引き起こし，**感情的摩擦**ないし**社会的摩擦**にまで進展してしまう。いわば，貿易が拡大し，変形した現地生産の段階においても，いぜんとして「ナショナリズム」と「グロバーリズム」のコンフリクトは，今日に至っていまだなお続いている。

2 貿易の移り変わり
(1) 商社を中心とする戦前の貿易

貿易の起源は，紀元前にさかのぼるのであるが，近代的貿易が盛んとなるのは，産業革命が始まった18世紀後半以降であった。わが国では，アメリカのペリーが来航し，日米和親条約(1854年)をせまり，さらに日米修好条約(1858年)を強要された明治維新以降であった。

明治維新におけるわが国の貿易は，近代的貿易の経験がなかったことに加え，居留地貿易，関税自主権が認められなかったことなどの不平等条約に基づく制約条件のなかでスタートした。居留地貿易ないし商館貿易では，一定の地域に居住した外国商人と，わが国の売込屋(売り手)もしくは引取屋(買い手)が取引を行う——遠隔地取引ではなくして——国内的取引であった。外国商人には，治外法権が認められ，かつ日本側には関税自主権がなく輸出・輸入税ともに5％までしか賦課できないような状態であって，日本商人には不利に働いた。

明治7年(1874)の輸出では，内商の1％，外商の97％，輸入はおのおの1％，94％を占めていた。明治33年(1900)になって，輸出において内商の35.7％，外商の61％，輸入はそれぞれ39.3％，60.4％に増加した。このような制約条件にもかかわらず，わが国がある程度までに貿易を促進しえたのは，政府の貿易政策の一環として，とくに三井(1876年)，三菱(1880年)などの商社の設立が大きな牽引力の一つになったことである。政府は，とくに輸出を奨励し，かつ富国強兵とならぶ，殖産興業政策に基づいて，軍需工業，通信，鉄道，造船，化学工業，紡績などの産業全般分野にわたって保護育成をはかり，今日のわが国の産業基盤を固めた。

わが国の貿易は，第一次世界大戦(1914～18年)をさかいとして本格的に稼動し，従属的な外商を中心とした取引活動から脱して，内商による主体的なものに移行した。しかし，概して戦前の貿易は労働集約的繊維製品，雑貨品などの輸出が中心であって，鉄鋼，機械，化学製品などの資本集約的重化学工業製品については，戦後まで待たねばならなかった。にもかかわらず，産業のインフ

ラの整備は固められたし，貿易活動においては，中小企業が大きく貢献し，かつ第二次世界大戦直前でわが国貿易総額のうち約3割をも占有した三井，三菱の大手総合商社の活動が目立った。大手メーカーによる貿易の離陸の段階にも入っていたし，そのような意味からすれば，戦前の貿易は，商社を軸として発展したといえよう。

(2) メーカーを中心とする戦後の貿易

戦後の貿易は，占領軍による管理貿易と外商の進出は，明治維新期となんら異なることはなかった。しかし，わが国はすでに戦前の貿易の経験を経ていたし，関税政策よりは輸入取引の制限が相対的に自主的にすすめることができたのが，明治期の貿易と相違するところであった。制限付き民間貿易の再開が，昭和22年(1947)，全面的民間貿易の輸出が昭和24年(1949)に，その翌年に輸入が開放になった。輸入制限などを管理する法律「外国為替及び外国貿易管理法」（以下，外為法という）が，同年12月1日（法律第228号）に制定された。同法は，対外取引の「原則禁止・例外自由」（以下，旧外為法という）を建て前とし，原則として対外取引を制限ないし禁止し，政令もしくは省令によって緩和する方法をとった。その後，保護色の強い外為法では内外の批判に抗しきれずに，昭和54年(1979)12月18日に法律第65号の外為法（以下，新外為法という）が公布され，翌年の12月1日に実施され，「原則自由・有事規制」を建て前とした改正となり，さらに東芝事件を契機として昭和62年(1987) 9月の新外為法の改正があった。その詳細については，本書の第II章第3節で述べる。

戦後におけるわが国の貿易は，1950年の朝鮮動乱の特需を契機として，躍進した。とくに輸出品は繊維，雑貨などの軽工業品を中心とし，中小企業のいわゆる労働集約的製品が輸出促進に大きく貢献した。60年前後に化学，金属，機械機器などの資本集約的重化学工業製品と労働集約的製品の輸出の割合がほぼ半々となり，同時にこれはわが国の産業構造自体に変革が起きたことを意味した。60年代は，鉄鋼，造船などの分野でわが国は世界的地位を占めた時期であった。図1.1の示すように，金属の輸出の伸び，割合も高く，自動車の輸出量は相対的に低いが，その増加率は非常に高かった。

同図のとおり，1970年代の輸出は，自動車や一般機械などの伸びと割合は拡大し，他方で金属のウェイトは多いものの，その伸び率が縮小した。71年のニクソン・ショックにより，米ドルの金兌換停止が行われ，事実上変動相場制へ移行し，いわゆる25年間続いたブレトン・ウッズ体制は，ドルの金との交換を軸とする固定相場制が喪失したという意味で，崩壊するのであった。当時のわが国では，テレビや新聞報道などを通じて今にも日本経済が行き詰まってしま

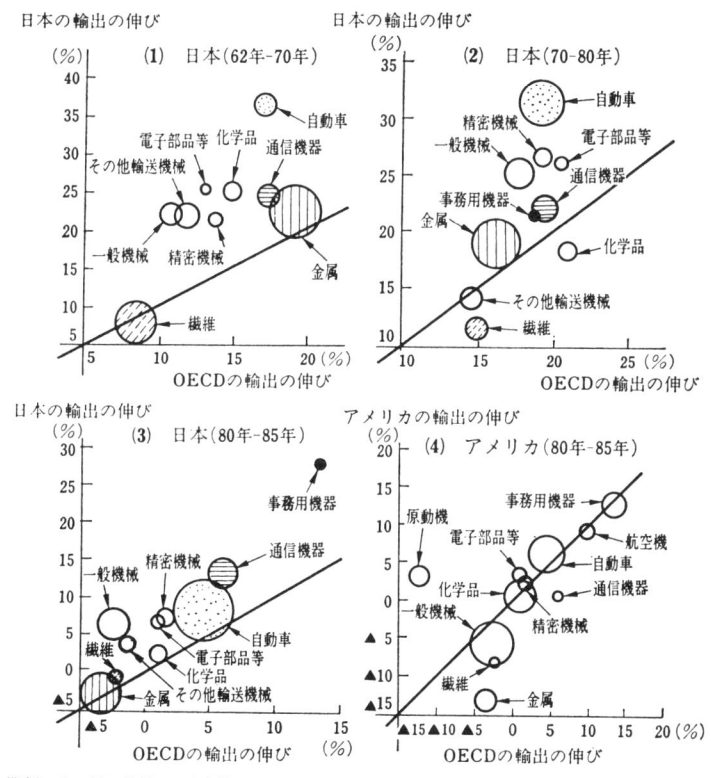

備考) 1. 円の直径は，該当期間の輸出のウェイトを示す。
　　　2. 斜めの線上は，OECDの輸出の伸びと，各国の輸出の伸びが等しい。
　　　3. 輸出の伸びは，年率換算したもの。
出所：通商産業省編『通商白書 昭和62年版』大蔵省印刷局　1987年　244ページ。

図1.1　商品別の輸出増加率

うように喧伝され，マスコミの過剰反応が目立った。しかし，貿易業界は一時混乱を招いたが，変動相場制に基づく貿易取引に慣れるに従って，すぐに正常に復帰した。さらに，開発途上国の先進国に対する政治経済的駆け引きともいうべき73年の第一次石油ショックが到来し，原材料が高騰し，わが国の輸出に打撃を与えた。事実，石油危機に基づくと想定される73年から75年までの期間では，わが国の貿易収支は赤字であったし，第二次石油ショック時の79年と80年も赤字であった。にもかかわらず，わが国の輸出は，他の先進工業国と比べると拡大した。

1980年代は，図1.1が示すように，自動車，通信機器，VTRなどの輸出が目立ち，鉄鋼などの金属の割合は激減した。他方で，対米自動車問題が表面化し，81年から対米輸出自主規制によって対応し，さらにホンダ，日産，トヨタなどが現地生産する段階に突入した。85年の円高基調以来，現在ではあまり価格要因に左右されないような半導体，ファクス，パソコンなどの付加価値の高いものが増加の傾向にある。

戦後の輸入取引についていえば，いわゆるわが国は原材料を輸入し，加工製品を輸出するといった伝統的な貿易パターンのとおり，1960年で原料品，鉱物性燃料，食料品の原材料は約80％，化学製品，機械機器，その他の製品の製品輸入比率はほぼ20％であった。70年で前者の原材料が約70％，後者の製品は30％，80年でそれぞれ80％，20％ほどであった。しかし，この輸入構造が変わるのは85年以降のドラスティックな為替レートの変化によるもので，従来の製品輸入比率の約20～30％から，50％台にまで激変するのである。ただし，いまだもって欧米諸国のそれの70～80％程度と比較すれば，わが国の製品輸入比率は低い。

1990年のわが国の輸出額は2,870億ドル，輸入額は2,346億ドルで，貿易収支は524億ドルの黒字であったが，その黒字額は4年連続で前年比減少となった。輸出を製品別・地域別にみると，自動車，事務用機器，映像機器などは対EC・アジア市場を中心として増加し，鉄鋼，半導体などは減少した。対米輸出で半導体，映像機器などが減少したのは，アメリカの景気後退を裏づけるもので

あったといえる。輸入については，原油や石油製品が中東湾岸問題により原油の値上がりを反映して急増し，他方で自動車，航空機，事務用機器などの機械機器が増加し，製品輸入比率も50％程度であった。

　戦後の貿易におけるとくに輸出は，鉄鋼，造船，一般機械，自動車，家電メーカーを中心として展開されたが，とくに自動車と家電については，早い時期からメーカーの直貿によってとりわけ先進国市場が開拓され，現在では国際マーケティング戦略が際だっている。もちろん今日でも，わが国の総合商社は貿易取引活動で大きな役割を演じていることはいうまでもない。しかし，戦後において，欧米的国際マーケティング・国際経営が発展しえたのは，商社を礎としながらもわが国のメーカーが大きな牽引力になったことである。また，日本企業による海外生産も増え，日本的経営が現地でどこまで適用可能なのか，目下実験中であり，大きな課題の一つでもある。

3　貿易のメカニズムと基本的な研究分野
(1)　**貿易はなぜ行われるか**

　前に述べたように，貿易とは国境を越えて異国間の人びとが商品やサービスの取引を行うことである。では，なぜ貿易が行われるかといえば，なんらかの**貿易利益** が生じるからである。その貿易利益を生ませるには，一国が扱う商品が国際市場において価格，品質，ブランド，デザイン，アフターサービス，納期などの国際競争力がなければならない。したがって，貿易利益を獲得するために，各国は自国の得意とする商品を輸出し，不得意なものを他国から輸入すればよい。いわば，これは**国際分業**の利益である。

　貿易利益とは，貿易が国民経済に与える利益で，国民の経済生活を豊かにすることである。つまり，各国がそれぞれ得意とする商品を生産すれば，世界全体としての生産量が増加し，生産性や資源の利用効率が高まり，雇用・所得が増える。換言すれば，国際分業の貿易利益を生む条件は，貿易が行われる条件でもある。その条件の第一としては，自然的・地理的条件が指摘できる。石油,

金，鉄鉱石，スズ，石炭などはどの国でも産出されるものではないから，非産出国はそれらの輸入に依存せざるを得ない。その国が熱帯地にあるか，寒冷地にあるかによって産物も異なるので，それぞれの国は不足するものを輸入しなければならないであろう。第二は社会的条件であり，いわば労働，資本，土地，技術などの生産要素賦存の差である。わが国は，自然的・地理的条件によって原材料に乏しいが，原材料を輸入することによって，良質な労働，優秀な技術，豊富な資本力などを駆使して商品を生産し，貿易を拡大し，今日の富を築きえたといえる。

　第二次世界大戦直後は，わが国は豊富な労働をもっていたけれども，技術や資本力は比較劣位であって，事実，雑貨，繊維などの労働集約的製品に特化していた。しかし，本章の冒頭で述べた家庭用ミシンなどは，比較的に労働集約的ではあるが，戦前に軍需工場でのミシン製造技術などの蓄積があったので，国際競争力がついたのである。その後，わが国は技術力や資本力を高めることによって，資本集約的な鉄鋼，造船，化学製品などの重化学製品に特化し，それらは世界市場のなかでトップの座を占めるようになった。さらに，家電や自動車，機械などの分野で優位にたち，世界市場を席巻する。これらの製品分野でわが国が比較優位の立場にたちえたのは，主に価格と品質の面で，相対的に秀でていたからである。だが，1985年のG5（先進5ヵ国蔵相会議）のプラザ合意以来のドラスティックな円高基調においては，従来のような価格優位性は喪失してしまった。したがって，付加価値の少ないカラーテレビの14インチのようなものは，韓国，台湾などで製造し，より大きなサイズは日本で生産する方法をとった。VTRにしても，格安なものはアジア諸国で，付加価値の高いデラックス型は，日本で生産するといったように，同じ商品でも国際分業の「棲み分け」が進んだのである。

　現在ではVTRや自動車は輸出の主要商品であるものの，相対的に価格要因に左右されないような半導体，ファクス，パソコン，事務用機器，通信機器などが増加してきている。さらに，VTR，自動車，カラーテレビなどの商品のなかで機種によっては韓国や台湾で生産されているし，その場合，わが国はVTR

ヘッドやエンジンなどの心臓部品の半製品を同諸国に供給していることである。つまり，わが国は一つの製品においても，**二重構造的比較優位性**（たとえば，デラックス型VTR完成品とそのヘッドなどの半製品）をもたせ，国際競争力を保持しているのである。

わが国の戦後における輸出製品の推移――雑貨・繊維，鉄鋼・造船，自動車・カラーテレビ・VTR，半導体・通信機器など――をみれば，その時代の環境に応じて国際競争力を維持している。**国際競争力**とは，「国際市場における一国の他国と比べた競争力（販売力）の強さを指す」（荒憲治二郎他編『経済辞典』講談社 1980年 387ページ）である。それは，通常，価格競争力と非価格競争力に依存し，前者は商品の**比較優位の構造**（他国と比較して一国における商品価格の安さの序列），為替レート，一般物価水準などがあり，後者は品質，デザイン，ブランド，アフターサービスなどがある。

とくに1985年のドラスティックな為替レートの変化を契機として，わが国の比較優位構造に変化が起こり，価格競争力を失った商品は，他国で生産することによってその打開策をはかった。たとえば，14インチのカラーテレビは，85年以前は価格競争力があったし，85年以後にそれを喪失したので，韓国，台湾などへ生産拠点を移転し，そこから三国間貿易に基づいて従来の海外市場の顧客へ商品の供給をはかった。すなわち，わが国は14インチのカラーテレビの自国における価格競争力をなくしたものの，他国の比較優位構造を活用したことになる。この場合，理論的にいえば，いずれ日本メーカーのカラーテレビの海外市場シェアは，韓国メーカーなどによって奪われてしまうことになる。

しかし，日本企業がブランド，流通チャネル，経営技術などの非価格競争力を維持しているかぎり，当分のあいだ問題はなかろう。つまり，前に述べた「有形的比較優位」および「無形的比較優位」は，おのおの「価格競争力」と「非価格競争力」を意味しているともいえる。ただし，後者のグループは，二国間貿易に基づく伝統的貿易論に依拠しているけれども，前者は後者グループの価格競争力と非価格競争力を一国に帰属させずに分離させ，三国間貿易をベースにしたところに相違がある。

20　第1編　マクロ編

(2) 貿易の基本的な学問研究分野

　前項の貿易のメカニズムを解明するするうえで，果たしてどのような学問研究分野があるのだろうか。貿易に関する研究分野では，従来からの貿易理論，貿易政策論，貿易経営論，貿易実務論などがあるし，昨今では多国籍企業論，国際経営論，国際マーケティング論などとアメリカ学問の影響が強い。一般的には，わが国の伝統的なものとアメリカ的なものが重なりあって，なにがなんだか分からなくなってしまう場合が多いようだ。

　とくに戦前のわが国の貿易研究において，大きな貢献をした上坂酉三教授による図1.2をみると比較的に分かりやすい。周知のように，同教授は戦前のわが国企業の貿易取引活動の経験をふまえて，当時の日本貿易の実践を理論化したところに特徴がある。同図が示すとおり，貿易理論・貿易政策・貿易経営・国際売買・貿易実務などは，日本企業の伝統的な貿易取引を分析するうえでもっ

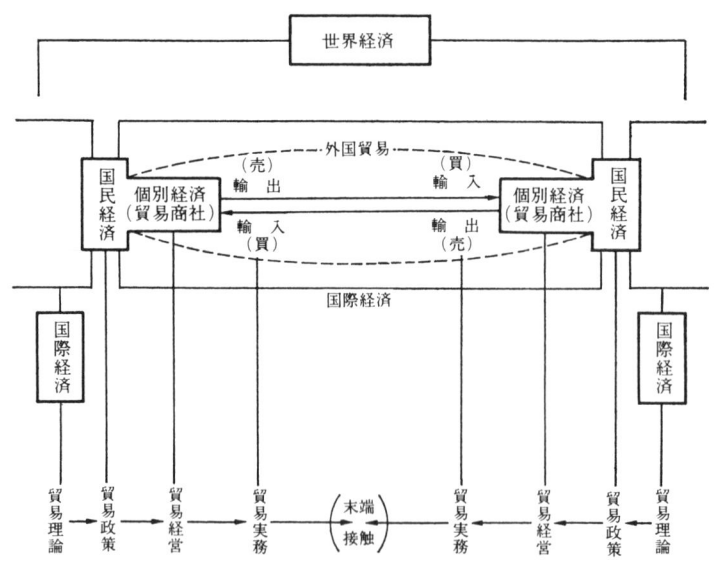

出所：上坂酉三『貿易契約』東洋経済新報社　1960年　15ページ。

図1.2　貿易研究の学的体系

とも適切であったのであろう。貿易理論は，貿易の原理や学説にかかわる理論経済学，自由主義か保護主義などといった貿易政策論は経済政策論であり，いずれも応用経済学の分野である。貿易経営論は，経営学に基づくものであり，従来はあまり活発ではなく，わが国の学問的背景からみてむしろ商業経営論的アプローチが強かったと思われる。それと比べて貿易実務論もしくは商務論は，商業英語と並んで実学的な面からすれば盛んではあったが，その学問的体系化はいささか遅れ気味のようだ。他方で，国際売買論については，法学・商学の両面を総合化したものであり，かなり体系化されているにもかかわらず，法学者からすればいまだ物足りなさがあるといった観が免れない。

　現在では当時と比べて環境要因が変化し，貿易プラス海外生産の対外取引活動が活発化し，これらの現象をとらえるには上記分野の分析的枠組みだけでは限界が生じうる。それらの研究分野を補うために，今日登場する学問分野は，貿易論などに相当する多国籍企業論，貿易経営は国際経営論，国際売買は国際マーケティング論ないし国際流通論などということになろう。多国籍企業論は，国際経営論とも共通性がある。本書の課題でもある貿易実務論は，貿易政策論ともっとも深いかかわりがあるから，「マクロ・ミクロ的な視点にたった貿易取引」ということにした。貿易政策論は，貿易論にも基づくし，より現実的であり，貿易の目的を実現するための手段の体系であって，貿易実務は貿易政策の枠内でいかに経済的効果をあげるかを研究する学問分野といえよう。したがって，貿易政策論はもとより，貿易論，経営論，マーケティング論などの幅広い知識が不可欠となる。しかも，おのおのの貿易研究分野において必要なことは，上坂教授（1965）の次の言葉がすべてをいい尽している。

　　「貿易の全面的な知識を習得するには，経済学・政策学・経営学・商学・法律学に基礎をおいた，そして，国際経済・国民経済・個別経済の広い範囲にわたって，しかも，理論と実際とを総合した研究が必要とされる」〔（傍点は筆者による）（上坂酉三『貿易実務』東洋経済新報社　1965年　7ページ）〕。

　最後につけ加えておきたいことは，多くの論議があろうが，貿易実務論と並ぶ伝統的な商業英語について，昨今では「国際ビジネス・コミュニケーション」

とか,「異文化コミュニケーション」とするのが適切かもしれないということである。これについては,本書の第Ⅵ章で詳しく述べる。

4 貿易取引のフロー
(1) 貿易取引の意味

貿易取引は,商業的意味からすれば,国内取引と基本的にはなんら変わらない。私的取引の場合,売り手が商品を買い手に対してオファー(offer;申込み)し,買い手がそのオファーされた商品の価格,品質,納期,決済などの売買条件を検討し,承諾し両者が相互にその取引条件について絶対的に,かつ無条件に合意すれば,契約が成立する。

次の段階で,売り手は,契約された商品を買い手に引き渡し,買い手はそれを引き取ることによってその対価の反対給付として,通常,通貨をもって決済を行うことを原則とする。ただし,その商品を買い手が引き取った後に,たとえば,その商品の「隠レタル瑕疵」とか,満足に機能しないとか,契約上に相違するところなどがあれば,買い手は売り手に対して,ただちにクレームをつける可能性がある。

以上のように,国内取引ないし貿易取引であれ,まったく同様な取引慣行上の手順をふむのである。両者の相違は,国内取引と比べて貿易取引の場合,とくに売り手・買い手の位置する時空間的広がりが大きく,隔離された場所において取引行為が通常行われるので,取引がより複雑になるということである。しかし,時空間差によるだけでは,国内取引と貿易取引の区別にはならない。なぜならば,ニューヨークとサンフランシスコ間で行われるアメリカの国内取引は,日本と韓国のあいだにおける貿易取引よりは,一層の時空間差がある場合が想定されうるからである。

両者の取引を峻別するためには,古典学派がいう労働や資本などの生産要素の移動性の程度差による「国家」の概念にまでさかのぼって考えねばならない。近代以前の貿易における国家の概念は,主に政治上の国家を意味した。古

典学派は，政治的国家を基礎におきながらも，生産要素の移動性の難易度といったような経済的国家観をもまた重視した。現代では，国際取引法の概念からみれば，貿易取引は「国境を越えて」行われる商取引であって，取引する国ぐにの環境的要因としての経営資源，取引慣行，法律，通貨，政治，経済，文化，言語などが異質な場合が一般的である。したがって，環境的要因が相対的に同質である国内取引と比べて，貿易取引はより複雑になる。

貿易取引は，通常，遠隔地取引の場合が多いから，時空間差が大きいのに過ぎないのであって，かならずしも国内取引と区別する必要かつ十分条件にはならない。ただし，商業的意味からすれば，「物理的距離感」(physical distance)や「心理的距離感」(psychic distance)が，取引を困難にすることが多い。また，今日頻繁にいわれる「ボーダーレス」(borderless)は，法的・政治的に国境は存在するが，形式的にはそれに制約されずに，国家や国境を越えて自由自在に利益を求めて，国際市場において商取引が行われるべき状態であって，現実的認識を意味し，経済的効果を意図とする，むしろ古典学派の経済的国家観に近いようだ。第1節で述べた「ボーダーレス・エコノミーの『ナショナリズム』と『グローバリズム』のコンフリクトが生じ，とくに国家のナショナリズムが台頭してくるのは，過去の国際貿易の歴史となんら変りない」とは，政治的国家観と経済的国家観の衝突ということになろう。

(2) **貿易取引の具体的行為のフロー**

貿易取引の実務的側面をみれば，私的取引の場合には，一般的には図1.3のとおり，主体，客体，媒体，環境的要因の枠組みのなかで，取引プロセスが遂行される。同図に示されているように，貿易取引における**主体**は，A国の売り手企業（輸出者）およびB国の買い手企業（輸入者）である。取引の主体は，個人企業，組合企業，会社等の法人格を有する団体などが想定される。公的取引では，国家も主体となりえるが，本書では私的取引に限定する。

売り手・買い手の両企業が対象とする**客体**としての商品および代金決済との交換行為を通常，市場売買取引によって具体化する。客体としての商品は，広い意味で一般的には，狭い意味の商品，有価証券などの有体財，ならびにブラ

ンド，ノウハウ，特許権などの無体財が対象となる。商品学の分野では狭義に解釈して，実質財，可動財であって，市場性のある販売可能なものに限定する場合がある。国際収支表では，"visible trade" の貿易収支および "invisible trade" の貿易外収支と区別している。しかしながら，今日の一般的貿易取引は，保険，運輸，観光などのようなサービスもあるし，海外生産とも常に隣り合わせた技術移転に伴う技術指導，ライセンス，ブランド，特許などがあるので，商品の概念を広義に解釈し，貿易の対象を国際取引一般とすることが，理論的，実務的にも必要であろう。

しかし，図1.3の枠組みでは，狭い意味の商品に限定したほうが比較的に分かりやすく，かつ一般化しやすいから，便宜上そうする。また，売り手の商品は契約時に実在しなくても，将来において取得しうる先物であってもよい。要は，売り手が契約履行時に，目的物である商品を所有し，ないしはその目的物を買

A国
（A国の環境的要因）

B国
（B国の環境的要因）

売り手企業（取引の主体）

買い手企業（取引の主体）

商品（取引の客体）

① ← 引合い
② → オファー
③ ← 逆オファー
④ → 承諾
⑤ ― 契約の成立
⑥ → 通関・船積み（船卸し）
⑦ ← 代金決済
⑧ → 貿易クレーム
⑨ ← クレーム処理
⑩ ― 契約の反復（取引の常規化）

具体的行為とコミュニケーション（媒体）の方向

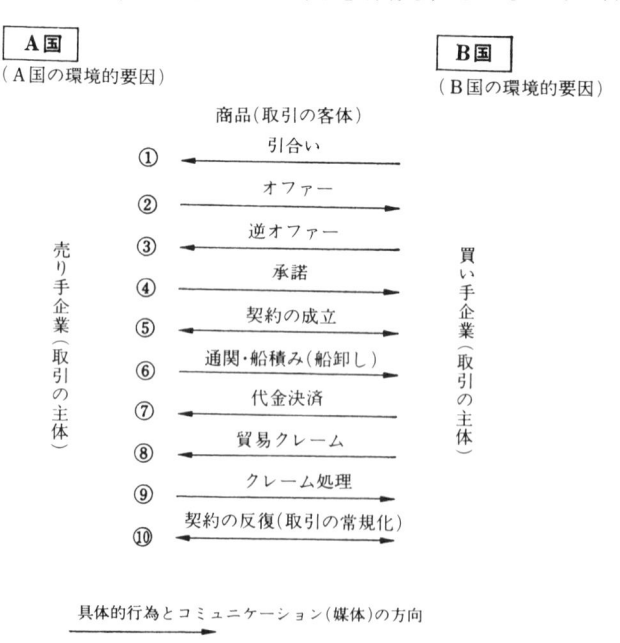

図1.3 貿易取引の具体的行為のフロー

い手に対して引き渡せるような法的権利があれば事足りうる。主体企業は，そのおかれている**環境的要因**によって左右されることが多い。まず自然と人間社会が相互作用する「自然環境」，ならびに自然に対して人間が働きかけることによって造り出される「人為的環境」に大きく類別できよう。人為的環境をさらに「直接環境」と「間接環境」に分ける。詳細については，次の第5節で述べる。

　売り手と買い手は，取引においておのおのが相手に対してより有利に，かつ慎重に具体的行為を施行し，一層の利得を得ようと画策するのが現実では一般的である。したがって，この目的を達成するために両者の言い分が，相互に納得がいくまで伝達されねばならない。すなわち，**媒体**としてのビジネス・コミュニケーションが取引上，**触媒作用的機能**を発揮するのである。わが国の大学の講義科目では，戦前から今日に至るまで伝統的な貿易実務とならんで，商業英語といった形式で行われてきた。しかし，今日では貿易取引技術は高度になり，しかも海外生産に伴い単なる商業英語だけでは，十分な機能を果たしえなくなり，たとえば「異文化コミュニケーション」というように変化してきている。詳細については，第Ⅵ章「貿易コミュニケーション」で述べる。

　貿易取引の主体者である企業などが，異なる環境的要因のもとで，客体である商品とその対価としての代金との交換行為を実現し，取引を維持するために，コミュニケーションを媒体とした商活動を行う。そして，主体的企業は図1.3に示される，①引合い，②オファー，③逆オファー，④承諾，⑤契約の成立，⑥通関・船積み（船卸し），⑦代金決済，⑧貿易クレーム，⑨クレーム処理，⑩契約の反復（取引の常規化）という**具体的行為を連鎖的**に遂行する。この具体的，ないし用具的な諸行為が，主体企業の貿易取引活動における日常作業の貿易実務の側面なのである。また，これは往々にして事務的・機械的作業になりがちである。貿易実務者は，なぜにこのような実務を行わねばならないのか（たとえば，商品を輸出するのになぜ通関をするのか）などとその理由づけについて，あまり理解しようとする余地がないのが普通である。一般の実務者は，国家が輸出入法規を規定しているから，輸出入通関の手続きをふまえねばならないと

単純に考える場合が多い。国家の貿易政策などに基づくといったような考え方までには，現実に埋没しがちな実務者にとってとうてい及ばないであろうし，実務上そこまで配慮しないとしても，まず支障を来すことはない。

しかしながら，東芝機械のココム規制違反問題をみても，規定の輸出手続きを遵守しなかったことが，国家間の大きな問題に進展し，ひいては「外国為替及び外国貿易管理法」(「外為法」)の改正にまでならざるを得なくなったことに留意しなければならない。いわば，東芝機械事件は，貿易実務というミクロ的側面，ならびに貿易論や貿易政策といったマクロ的側面の双方に関して理解することが，いかに重要であるかについての教訓をわれわれに与えてくれた一事例といえる。

貿易取引上の具体的行為のフローを統合的に述べたが，買い手による①引合いが省略され，売り手側の積極的な②オファーから取引交渉が開始されることがある。また，②オファーから③逆オファーおよび売り手の④承諾のプロセスを経ることなしに，ファーム・オファーであれば，直接に買い手の承諾によって⑤契約の成立に至る場合がある。現実の貿易取引交渉では②と③が，売り手・買い手間でなんども反復される場合が多いし，契約の成立に達しないまま終わることもある。契約が成立して，⑧貿易クレームが生じない取引があるし，商品によってはアフターサービスを要求されるケースもある。実務界では**種々の交渉パターン**がありうることを銘記すべきであり，図1.3のプロセスはかならずしも絶対的ではなく，原則的なものである。

なお，本節で述べた「貿易取引の具体的行為のフロー」枠組みは，その応用編として第Ⅶ章の「輸出取引の事例」を参考にすると理解しやすい。

5　貿易戦略

(1) **貿易取引条件要素とマーケティング・ミックス**

第2節でみたように，わが国は戦前，戦後を通じて貿易取引，とくに輸出活動によって今日の富みや技術力を蓄積してきたといっても過言ではない。他方

で，アメリカはとくに1960年代に海外生産を軸とする，多国籍企業の国際取引活動が活発であったといえる。もちろん，わが国でも昨今では，とりわけ85年以降の円高基調を一つの契機として，海外直接投資が増加してきたものの，日本企業の場合には，アメリカ的多国籍企業の発想は少なく，**輸出志向型・多国籍的活動**といったほうがより適切であろう。この日本企業の行動特性は，国際市場への参入において欧米先進諸国と比べて，わが国の追随者としての経済的・政治的立場や，その歴史的・文化的・社会的・心理的条件によることが多いと考えられる。

アメリカの大学などで使用される多国籍企業論・国際経営論・国際マーケティング論の教科書では，「多国籍企業の海外戦略」ないし「戦略経営」，「グローバル・マーケティング」などといったような用語が頻繁に使われるし，わが国でもその翻訳書や著書においてこのような用語に接する機会は少なくない。もちろん，昨今において「日本的経営」の海外移植の問題についての文献や，実態調査もまた頻繁に見受けられる。しかしながら，いずれをとってもアメリカ的なもの，ないし日本的なものに偏した場合が多いように思われる。したがって，おそらくこれらの著書は，日本企業人にとっては共鳴するものが相対的に少ないと考えられるし，共鳴してもらうには日本企業の現実に即して，企業人の精神構造に訴えるものがなければならないのであろう。

このようなことを極力念頭におきながら，本節で日本企業の貿易戦略を検討し，次節で現在企業が直面している海外生産に伴う問題を取り上げる。ただし，次節については，基本は本節の貿易取引をたたき台にした日本企業の海外生産に関する試論である。

前に述べたとおり，日本企業がとくに戦後の輸出活動において，国際市場で競争優位にたちえたのは，主に商品の品質・価格に国際競争力があったことが一つの理由として指摘できる。しかし，果たして単に品質や価格をよくするだけが戦略と呼ばれるほどのことなのであろうか。戦略とは，通常，企業が一般的目標を掲げ，長期的視点にたって計画し，具体化する政策的な意味合いが強い。この戦略の観点からすれば，品質や価格にかかわる問題は戦略の一手段に

過ぎないし，だれでも知っていることであって，とりたてて戦略と呼ぶほどのものであるかは疑問である。では一体，日本企業のなにが国際市場を席巻させたのか。それには，単に憶測による主張だけでは説得力がないので，できうるかぎり学者の主張を援用し，分析を試みよう。一般的には，書かれたデータに組み入れられた事実というものは，現実的経験が先行し，ある程度時間が経過した後にその事実がまとめられる場合が多いから，かなり信頼性に足りうると思う。

まず，アメリカのマーケティング学者，P. コトラー（1985）が観察したトヨタの対米市場への進入したプロセスをみることによって，日本企業の秘密を考えていく。トヨタは，1958年に288台の自動車を対米輸出するが，その品質，価格条件ともに問題があり，エンジンにしてもトラックのような騒音をたて，価格にせよ，当時フォルクスワーゲンの1,600ドルに対して，トヨタの自動車は2,300ドルもしたという（事実，筆者が聞いたその当時サンフランシスコの日本領事の話によれば，トヨタは販売促進のために日本大使館や，領事館などに無償でトヨタ車を提供しており，それを試乗したさいに丘の多いサンフランシコでは，丘の途中でストップしてしまったといわれる。このような欠陥車を購入した消費者は，主にアメリカ在住の日本の戦争花嫁が多かったという）。まさに，トヨタの対米市場上陸は，失敗に帰したのである。

トヨタは，この失敗にもかかわらず，1965年に再上陸し，コロナを販売し，品質も改良され，アメリカの品質標準にも合致し，フォルクスワーゲンよりは2倍の馬力をもち性能もよく，価格は2,000ドル以下に設定し，外国車専門輸入業者を選定し，テレビのスポット広告にも力を入れ，アフターサービスや修理部品，製品在庫などを完備させ，現地消費者のニーズに対応した。

以上が，コトラーによる説明であるが，同教授はこれらをアメリカ的認識に基づく製品政策，価格政策，販売促進，流通チャネル政策といった「マーケティング・ミックス」の次元からとらえている。さらに，コトラーは日本企業の貿易戦略について次のように述べているのである。

「日本企業は驚くような新しい考え方を生み出したわけでもないし，かつ

また刷新的な取引方法を創造したわけでもない。しかも，現在まで，新製品を発明さえしたことがない。実際のところ，日本企業はアメリカ企業の経営者が教示してきたこと—ただしアメリカ自体は広く実践しなかったことを，ただ忠実に踏襲してきたに過ぎない」[Kotler, P., et al. (1985), *The New Competition*, Prentice-Hall, p.244]。

確かに品質管理方法などは，アメリカの学者を日本へ招き，日本企業は学習し，アメリカのお株を奪ってしまったのかもしれない。とくに1950年代から60年代にかけて，日本企業は欧米先進国の技術を導入し，たとえばアメリカから提示されたカラーテレビのサンプルをもとに，なんども試作を繰り返しその品質標準に合致させることに努力を払い，どうやら輸出できるような状態になった。といって，日本企業自体が貿易取引における商品の品質について認識していなかったことではなく，むしろ戦前から認知していたことである。その一証拠として，上坂教授（1941，1942）は，大戦の渦流においてもなお貿易取引活動が行われてきていることを指摘し，品質条件が「もっとも重きを置かなければならない」とし，さらに「民度の低い二～三流国にあっては，品質が優秀であるといふことよりも，寧ろ価格が低廉であるといふことが，遙かに需要率を高らしめつゝある」と説明している［上坂西三「貿易契約の構成条件の商学的考察(1), (2), (3), (4), (5)」（早稲田商学同攻会『早稲田商学』第17巻第1・4号　1941年135～137ページ）］。

今日の貿易実務書にかならずといってもよいほど説明されている，品質・価格・数量・受渡し・決済条件の「**貿易契約の構成条件**」（貿易取引条件ないし一般的取引条件）といった形式で，少なくとも戦前の貿易マンは認識していたはずである。上坂教授（1926）は，当初，貿易取引条件の**法学的考察**を行ったが，すでにそこにおいて商学的考察がみられ，1941年に正式に商学的見解をまとめている。さらに，戦後において石田貞夫教授（1967）は，アメリカのマーケティングの影響が強い時代にあって，マーケティング・ミックスの製品政策を品質条件，価格政策を価格条件などと対置したのである。同教授は，「貿易マーケティング」という用語を頻繁に使用したのは，当時のわが国が貿易を中心とし

たことをふまえて，アメリカの海外生産を軸とする「国際マーケティング」とは異なるものだとの配慮からであったと考えられる。

　学界にあっては少数派ではあるが，中野宏一教授 (1988) は，今日でも強く日本企業の「貿易マーケティング」研究の必要性を主張している。それは，ただ単に昨今におけるアメリカの国際マーケティング，国際経営などの文献に惑わされずに，日本企業が歩んできた貿易取引活動の現実的認識に基づくべきであるといった示唆が含まれていると想定される。同教授によれば，現在ではアメリカのほうがわが国よりも，貿易取引を拡大したいわゆる輸出マーケティングの研究に熱心であるという。これは，日米企業の歩んできた歴史的背景の相違によるものと考えられる。アメリカは戦後すでに世界GNPの大半を占め，日欧諸国は経済の建て直しを行っているときに，アメリカ企業は海外直接投資を軸として発展を遂げていた。他方の日本企業は貿易活動を中心とし，今日ようやく多国籍的企業に至ったのである。日本企業は，とくに輸出活動を軸として，徹底的に学習効果を高め海外市場の開拓を行い，現在の技術力と富みを得たといっても決して過言ではない。

　したがって，日本企業はマーケティング・ミックスとかいった認識の仕方ではなく，海外の顧客に対して品質のよい，値段の安い商品を輸出することが国際競争に勝つ唯一の方法であって，企業はそれを経験的に試行錯誤のなかで実践してきた。

　もちろん，これらの主張だけをもってして，アメリカの「マーケティング・ミックス」と日本の「貿易取引条件要素」が対応できるかどうかは別として，大半の日本企業人は，マーケティング・ミックスについて日本的認知構造による解釈のもとで経験的に意識していたはずである。少なくとも，コトラーは前述したトヨタの事例についてマーケティング・ミックスをもって説明している。また，取引条件は貿易取引契約書の「一般的取引条件協定書」などの約款に印刷され，標準化されていることは周知の事実である。標準化されているということは，貿易取引において慣行化され，取引技術として承認されていることを意味する。次項でこの取引条件を軸とした日本企業の「弾力的貿易経営戦略モ

デル」へつなげてみよう。

(2) 日本企業の「弾力的貿易経営戦略モデル」

図1.4が，戦略モデルの接近方法を示している。枠組みは「環境―戦略―組織・管理」であり，これは欧米諸国の文献にもしばしば見受けられるにせよ，環境に対して企業組織がいかに対応すべきかということであって，決して目新しいとはいえない。日本企業は，当然にこのようなことを経験的には認知していたと考えられる。この枠組みに基づいて，企業の目的，戦略，組織・管理，環境と四つの構成要素に区別する。そして，取引条件要素を戦略要素とし，いわゆる通常の売買取引活動にこの戦略要素を組み入れ，「販売（マーケティング）活動戦略」と「買付け活動戦略」といった形式の国際マーケティングとしての戦略的位置づけを行う。さらに，販売・買付け活動戦略に「人事育成活動」を加えた三つの構成軸が，「貿易経営戦略の母体」となる。企業組織がその目的を達成するために，貿易経営戦略の母体をいかに統合化し，環境と対応していくかが「貿易経営戦略」であり，いかなる環境の変化に対しても常に柔軟性をもつことが，すなわち「**弾力的**貿易経営戦略」なのである。

上記をまとめたものは図1.5である。中心円にある「企業の目的」は，一般的には企業の継続性と繁栄であろう。これは，究極の目的であって，企業には短期・長期目標がある。短期目標は，設定する期間が長くないので，過去の実績に基づいて具体化することが比較的に容易であり，各担当者に理解しやすい。他方の長期目標は，抽象的になりがちであって，環境の変化によって大きく変わりやすく，ある一定の期間を経た後に再び検討し，立案の手直しが必要となる。

次に，「企業の目的」をかこむ「取引条件要素」は，「戦略要素」として設定し，「マーケティング・ミックス」と対置したものである。前に述べたように，貿易取引において品質，価格，数量，受渡し，決済条件の取引条件について売り手・買い手が合意すれば，契約が成立する。しかしながら，貿易取引契約は売買という擬似的な法的形式をとるルールに過ぎず，現実では売り手・買い手の合意にはなかなか至らないことが頻繁である。トヨタが，1958年に品質・価

1. モデルの概要

　　枠組み: 環境 ― 戦略 ― 組織・管理

　　(1) 企業の目的: 企業の継続性と繁栄

　　(2) 戦　　略:

```
                                              ┌ 取引条件要素
                         ┌ マーケティング活動戦略 ┤
                         │                    └ 販 売 政 策
  国際マーケティング戦略 ┤
                         │                    ┌ 取引条件要素
                         └ 買付け活動戦略 ─────┤
                                              └ 買付け政策
```

（取引条件要素）

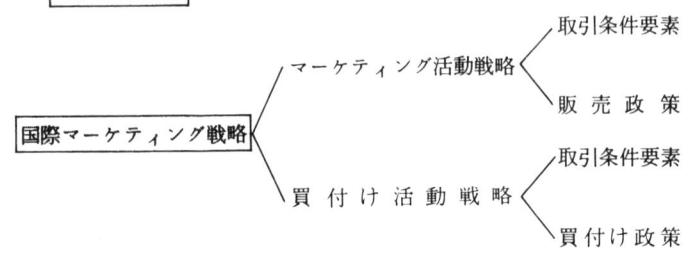

　　(3) 組織・管理

```
  マーケティング活動戦略 ┐
  買 付 け 活 動 戦 略 ─┼─→ 組織・管理 ⇄ 環境
  人 事 育 成 政 策 ──┘           （相互作用）
```

　　(4) 環　　境

　　　　日本型、アメリカ型、ヨーロッパ型、中近東型、アフリカ型、
　　　　中南米型、東南アジア型 等

2. 取引条件に関するIMPグループの実態調査の適用手順

取引条件	マーケティング・ミックス	実 態 調 査
品　質	製 品 計 画	技術能力の側面
価　格	価 格 政 策	価格交渉の側面
受渡し	ロジスティックス	商業能力の側面

（実態調査の内容）
- 技術能力の側面 ― 新技術、共同製品開発、製品の適合性、国際標準規格、品質の一貫性、技術情報
- 商業能力の側面 ― 納期の迅速度・厳守度・統合度、現地在庫、予備部品とサービス、苦情処理
- 価格交渉の側面 ― 購入価格の強調、他の含み費用の強調

図1.4　「弾力的貿易経営戦略モデル」への接近方法

格条件が合わずに，対米市場の進出に失敗した原因は，法的なものではなく，商的な問題であった。上坂教授は戦前において，まず最初に取引条件の法的考察に主力をおいたのは，当時の貿易人が西欧的な貿易取引契約のルールに不慣れであったから，法的問題を取り上げることの必要性があったと考えられる。

他方で，貿易人が商業的側面については，比較的に国内取引で経験をもっていたから，商的考察が追随する形式をとったと思われる。したがって，取引条件要素を商的「戦略要素」とすることには，なんら支障はないと考えられる。ただし，今日では，品質条件→製品計画・製品開発，価格条件→価格戦略，決済条件→財務戦略，受渡し条件→ロジスティックス，数量条件→生産・販売量操作・調整などとそれぞれ対応できよう。

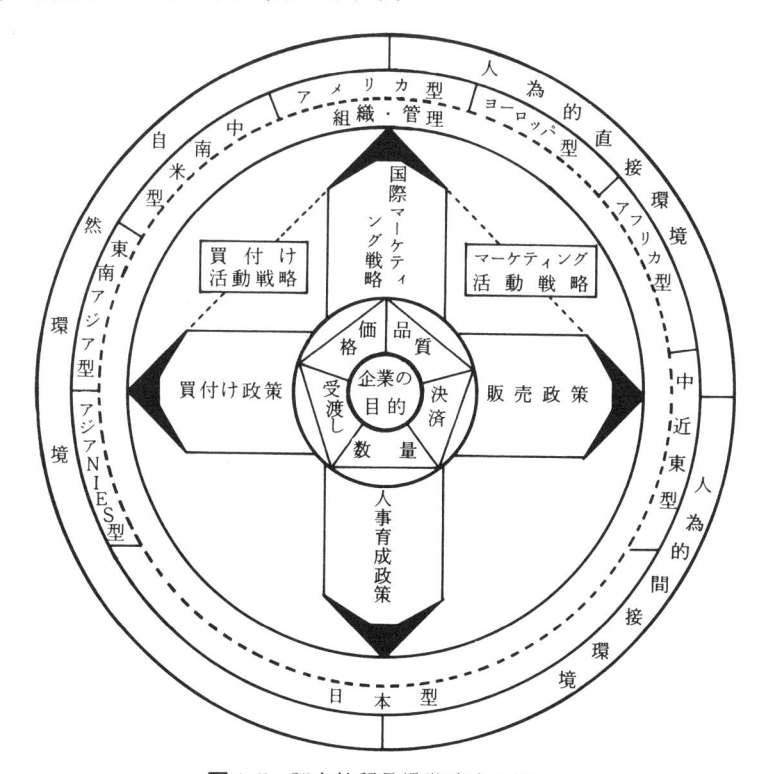

図1.5 弾力的貿易経営戦略モデル

さらに取引条件とマーケティング・ミックスの関係の妥当性については、西ヨーロッパのIMP（International Marketing Group、西欧の大学教授陣などによるマーケティング研究調査集団）グループの実態調査をもって、ある程度まで補強することができる。図1.4の項目2「取引条件に関するIMPグループの実態調査の適用手順」に示されているとおり、品質はマーケティング・ミックスの製品計画を経由して、技術能力の側面（新技術、共同製品開発、製品の適合性など）、価格は価格交渉の側面、受渡しは商業能力の側面（納期の迅速度・厳守度・統合度、現地在庫など）との関連である。その実態調査の詳細（P.W.ターンブル他編・拙訳『国際マーケティング—ヨーロッパ企業の行動特性と戦略』白桃書房 1985年を参照）は本書では省くが、IMPのものはアメリカのマーケティング・ミックスより、わが国の取引条件の概念と非常に共通性があるし、マーケティングとも類似性を有している。いわば、IMPの商業能力・技術能力などの概念は、マーケティング・ミックスと取引条件の中間的な存在ともいえる。したがって、このような実態調査もまた、取引条件とマーケティング・ミックスを結びつけるうえで有効な資料になりうると考えられる。

「販売活動」は、企業の商品を販売促進することであり、「買付け活動」は、その商品の仕入れや、商品を生産する部品の購入などの通常の売買活動を意味する。いわゆる商品を安く購入し高く売り、できるだけ多くの利鞘を稼ぐことである。これらの販売・買付け活動において取引条件の戦略要素を恣意的に意識し、経済的効果をあげる努力が「販売活動戦略」および「買付け活動戦略」である。とくに日本人の場合には、これらの活動戦略において取引交渉を重視し、売り手・買い手間の対人関係に重きをおくが、アメリカ人は品質が悪いか良いか、価格が高いか安いかなどとハッキリしており、取引交渉にはあまり時間をかけないのが普通である。ヨーロッパ人は、一般的にはアメリカ人よりは取引交渉に時間をかけることが多い。

トヨタは、アメリカ市場で流通チャネルとして外国車専門輸入業者を選定したことは、これらの業者がGMやフォードの販売チャネルと異なるし、かつそれらとは敵対関係にあり、日本車を販売することに対してより一層専念してく

れると判断したからであろう。つまり，トヨタは売り手・買い手間の交換関係にとりわけ着目したのである。流通チャネル管理において交換関係を尊重するということは，わが国の国内取引で醸成された慣行であって，このあたりがトヨタが成功した大きな理由であったのかもしれない。まさにこの**交換関係**こそは，今日アメリカのマーケティング分野やヨーロッパのIMPグループが，注目している領域である。そのような意味からすれば，日本企業は欧米諸国がいうマーケティングの原理を現実の取引活動で実践し，先行させていたのではないかといえる。また，アメリカでは，とくに売買取引契約を重視する傾向が強いが，最近ではrelational contractingとか，売り手・買い手間の交換関係を見直す気運が広がりつつある。

　「人材育成活動」は，わが国が得意とするいわゆる経営資源としてのヒト・モノ・カネの「ヒト」の部分であるし，昨今頻繁にいわれる「人本主義」は日本企業のお家芸である。貿易マンを育成するために，各企業がいろいろな方法で人材育成を行う。とくに語学の問題がいかなる企業にとっても重要ではあるが，現在では各国の文化や経済・政治事情などをもまた貿易マンが習得することが要請される。「人材育成活動」は，後に述べる「環境」と深くかかわり合いをもつ。わが国の環境風土を土台としたうえで，たとえばアメリカ型環境に適応しなければ，現地における取引活動が難しい。どの程度まで現地に同化できるかが焦点となる。しかし，完全同化はまずありえない。その他ヨーロッパ型，中近東型などの環境パターンに対応する必要があるし，そのために世界に共通するような普遍性のある企業理念が必要となろう。わが国の場合には，いまだなお現地市場の企業経営は，日本人管理者によることが多い。某家電メーカーの海外事業部管理者の話によれば，日本人がアメリカ市場などで現地のアメリカ人を管理することは，まず不可能なことであって，現地人を管理者にすえ，その管理者をリモート・コントロールする以外に方法はないとまでいいきっている。

　「組織・管理」とは，企業が継続性と繁栄を維持するために，以上述べた販売・買付け活動戦略，および人事育成活動の貿易経営戦略の母体を統合化し，

環境と相互作用しながら、企業理念を指標にすえて、企業組織体を管理することを意味する。環境および組織・管理の部分を点線としたのは、環境と個人からなる組織体が相互作用（組織内部および組織対組織の相互作用をも含む）し、組織自体は開放・閉鎖体系を備えていることを示している。組織において、個人志向と集団志向が、国際企業を比較考察する場合に一つの経営上の尺度として考えられる。一般的には、日本企業は欧米企業と比べると集団志向が強い。実態調査などによればアメリカ・イギリスは個人志向、ドイツ・スウェーデンはチーム・アプローチであり、集団志向は経済的成果を高めるのに貢献するといわれる。概して、生産技術・プロジェクト事業活動には集団志向、創造技術・販売開拓などには個人志向といった切り口でとらえることができるのかもしれない。国際事業活動において日本企業は、個人志向がいささか欠落ぎみであるから、その側面が強調されるべきであって、「個人志向/集団志向」の均衡化こそは将来的課題であると思われる。また、日本の個人主義については、濱口氏の「間人主義」とか、西部氏の「相互的個人主義」ないし「準個人主義」などの見方もあるけれども、西欧的なものと区別するためには、個人レベルで「**心情的個人主義**」、ならびに集団レベルにおいては「**心情的/権威的集団主義**」とするのが比較的分かりやすいと思う。

　「環境」は、自然と人間社会が相互作用する「自然環境」、ならびに自然に対して人間が造り出した「人為的環境」に類別する。さらに、「人為的環境」を「直接環境」と「間接環境」に分ける。「直接環境」とは、製品市場、金融市場、労働市場、原材料市場、企業組織風土などである。「間接環境」は、国・地域レベルの一般的経済・政治・社会・文化・宗教などである。とくに社会的文化風土は強調されるべき環境要因であって、それを下位体系として築き上げられた「企業文化」は、企業組織において社員の価値観を共有させ、その行動パターンを決定し、とくに企業の意思決定に大きな影響を与えるものであり、企業にとっては不可欠なものである。このような環境的要因によって醸成された「アメリカ型」「ヨーロッパ型」「中近東型」などといった大まかな環境パターンが企業の認識対象となりうる。また、企業にとっては、「直接環境」が当面する環

境的要因ではあるが，その業種によって時には異なる。たとえば，農産物や天然資源は自然環境によって直接影響を受ける場合が多い。半導体や自動車は，間接環境の政治的・経済的環境からの影響に左右されやすい。

　戦後における日本企業の「弾力的貿易経営戦略モデル」を素描してきた。日本企業は，アメリカのマーケティング・ミックスに対して取引条件要素といった日本的認識のもとで対外取引活動を展開し，とりわけ輸出活動を中心として企業成果を高めてきた。しかも，流通チャネル管理において売り手・買い手間のとくに交換関係を重視したことが大きな企業成果を生んだ要因ではないかと想定した。ただし，現在では貿易取引活動から，海外生産を含む多国籍的活動が顕著となり，このモデルだけでは不十分であろう。といって，アメリカ多国籍企業のモデルによる説明だけでは限界がある。貿易取引活動の外延的形態としての海外生産をいかに説明するかが焦点となる。これについて次節で述べ，さらに日本企業の秘密の糸をたぐっていくことにする。

　　［以上は，主に拙稿「予備的モデル『弾力的国際経営論』の再構築―日本企業の　　マーケティング行動特性の仮説との関連において―」（麗澤大学『紀要』第45巻　1987　　年）による。］

6　貿易と海外生産
(1)　二国間貿易から三国間貿易

　一般的に企業が海外投資を行う動機要因としては，寡占的市場支配，進出企業の国内における費用条件の変化，受入国との通商摩擦問題や，同国での情報収集・製品開発などがあげられる。わが国企業の直接投資の動機については，もちろん市場シェアの拡大といった要因も指摘できようが，国内生産コストの上昇および貿易摩擦問題などは，主な要因になったと考えられる。1960年代の後半から70年代にかけて若干の直接投資が行われたのは，主に労働集約的製品の国際競争力を失ったことが一つ契機であったと想定される。カラーテレビのアメリカでの生産などは周知のように，貿易摩擦問題が大きな原因であった。

自動車の対米投資にしても，80年代以降であり，海外投資が急増するのは85年以後の劇的な為替レートの変化によるものであった。85年以前の80年代における対米ドル為替レートは約220円から240円程度であって，相対的に付加価値の少ない14インチのカラーテレビにせよ，十分に国際競争力があったのである。

為替レートが180円程度までであれば，カラーテレビにしてもいまだに日本で生産されていたのかもしれない。しかし，120円〜130円ではいかなる手を打つこともできずに，海外生産によって補完する以外に方法はなくなってしまったのが業界の実情のようだ。したがって，当時の家電メーカーは，14インチのカラーテレビを急きょ韓国，台湾，シンガポール，マレーシアなどへ生産拠点を移転し，そこから三国間貿易の手続きを介して，従来の海外市場の顧客へ供給する手だてをとった。家電メーカーは，同アジア諸国で自社工場をすでに有している場合，もしくは有していない場合が想定された。自社工場をもたない企業は，アジア諸国のメーカーに対して委託生産を依頼すればよかった。このような下請け的海外生産活動は，日本企業の輸出取引の外延的形態としての「迂回輸出」を軸としたものといえよう。もちろん先進諸国における海外生産活動もあるが，目下実験中の段階であって，いかに進展していくかは今後における日本企業の課題である。

このような観点からすれば，現在までの日本企業の貿易を中心とした行動特性による海外生産へのアプローチについては，従来の二国間の二者関係からの海外投資ではなく，三国間貿易に基づく三者関係（Network Triad）を分析するほうが，より一層に日本企業の実相に迫りうると考えられるのである。この場合，生産の拠点は日本ではなく海外であり，かつその拠点はかならずしも日本企業の所有ではなく，異文化の外国を供給源とすれば，従来の貿易取引とは異なり，より直接投資の海外生産に近いものになりうる。しかも，わが国は，先進国に対して追随者の立場におけるパワー関係と衡平の論理からいっても，一層現実に接近できると思う。したがって，三者関係の三国間貿易に基づく「経済的・社会的交換モデル」を次項で練り上げ，日本企業の実相に迫ることにする。

(2) 経済的・社会的交換モデル（Network Triad）

本モデルの発想は，前項で述べたカラーテレビなどのわが国の三国間貿易，とくに仲介貿易に基づくものである。三国間貿易契約にかかわる三国企業間における販売契約書・買付契約書，信用状，船荷証券などの標準化，慣行化された法的実務書類を検討し，分析することによって，三国企業の売り手・買い手間の商的交換関係や行動特性などに着目する。その具体的方法は，第Ⅷ章「三国間貿易と国際マーケティング」において説明されている。その分析を通じてなんらかの規則性を探り，一つの仮説を帰納的に導く。

この場合，これらの法的標準契約書を貿易取引の交換関係などと論理的に関連づけるために，一定の業界で一般的に受容されるようになった取引慣習をもって，両者を結びつける媒介項とみなす仮定にたつ。ただし，取引慣習と標準契約書などは，従来同一なものではないし，標準契約書を作成するにあたっ

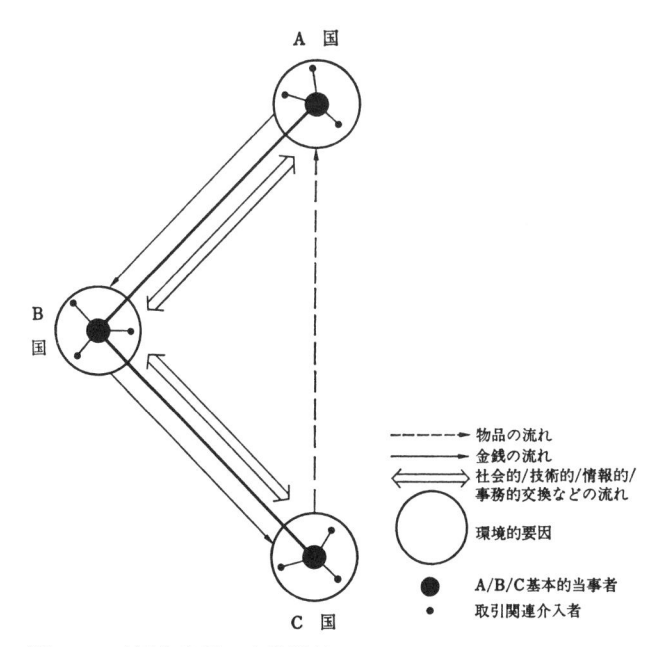

図1.6　三国企業間の交換関係・交換フロー（Network Triad）

ては，少なくとも取引慣習が考慮され，それはそのまま固定してしまうが，取引慣習は絶えず変化する。つまり，三国間貿易における商的・法的考察に基づいて，一つの規則性を探るのである。

その規則性をまとめたものが，図1.6 である。その仮説は，「国際取引における売り手および買い手の長期的関係を維持し，日本型企業組織網（クモの巣組織網）を安定化させるには，法的関係は，あくまでも物品等の所有権にかかわる基本的条件である。とくに社会的／技術的／情報的／事務的交換などによって補完することが肝要である。しかも，その組織網は通常，差異化される傾向が強い」ということである。

上記仮説の「法的関係は，あくまでも物品等の所有権にかかわる基本的条件である」とは，近代経済学における経済的交換の市場メカニズムは，近代市民法の前提である制度が付与する「私的所有権」および「契約自由の原則」によって支持されていることを意味する。しかし，今日ではこの市民法のルールに基づく市場システムだけでは，現実に適合せず，非市場システムの部分を取り入れねばならなくなっている。この非市場システムは，とくに社会的交換などによって補完しうるということである。より詳細な論議については，本書では省略する（詳細については，拙著『国際貿易論』学文社　1990年の第6章を参照）。

図1.6の三国間貿易取引における「三国企業の交換関係・交換フロー」について説明する。これは，A国の当事者が最終買主，B国が仲介者，C国が荷送人であり，A国とB国との販売契約，B国とC国の買付契約といったように二つの独立した個別契約と交換関係からなりたち，BはAとCとのあいだで結節点（ノード，nodes）に位置する。この図では，契約された物品は，直接にC国からA国に輸送されるが，C国からB国に引き渡し，B国からA国に受渡してもよいが，輸送コストいかんによろう。

まず，**物品・金銭の流れ**の部分は，基本的には法的効果を指向するものであり，将来起こりうるような事柄について先行的配慮をもって，具体的な取引を合理的に計画すること，および取引の相手側の履行義務を遂行させるためや，不履行を補償させるために，法的制裁などを行使できるように確保することである。

もう一つの流れである社会的交換は，常に企業組織間では，協力およびコンフリクトが起こりがちであるから，その不確実性を軽減するために，当事者間で時には対面したり，その結びつきを強化・確認し合い，信頼感や親近感を醸成することを目的とする。**社会的交換**は，前に述べた物品・金銭の流れにかかわる法的制裁によって強制されうる経済的交換での契約義務に対して，たとえ強制できる拘束的契約がなくとも，社会的義務感が，動機づけとなって経済的交換なりを履行させるうえで貢献するだろうといった考え方に基づいている。したがって，社会的交換は，短期的よりも長期的な交換関係においてその効果をあらわすと考えられる。**技術的交換**は，主に当事者間で技術上の問題が発生した場合の問題解決，共同製品開発などで，その交換頻度は取り扱う製品によって異なる。とくに，今日のように競争の激しい国際市場では，もっとも重要な部分を占めるといえる。

情報的交換は，主にマーケティング情報を意味し，いかなる製品が要求されているのか，どのように製品化し，いかなる価格で販売できるかなどである。また，経営学的視点にたった形式情報，意味情報，情報創造はこの部類に属するものであり，マーケティングでいう交換関係の創造やその問題解決には，不可欠なことである。最後の**事務的交換**は，各国の貿易手続き，船積書類の送付，船積み前およびその後のフォローアップなどであり，この分野はますます今後省力化され，事務機械化されうる。たとえば，現在では税関・航空会社・航空貨物エージェント間のNACCS（Nippon Air Cargo Clearance System），銀行間のデータ通信システムのSWIFT，国際バンなどもすでに機械化されているが，ペーパーレス・ドキュメントを目指したICCが1988年1月に採択した貿易データ交換統一規則（UNCID）は，将来における事務的交換がコンピュータ化される基礎となろう。この他の交換活動としては，物品・金銭の流れから派生したと考えられる，たとえば，financial exchange, logistics exchange, legal exchangeなどが想定されうる。

いわば，これらすべてのフローは，現代の国際経営・国際マーケティングの分野で頻繁にいろいろな用語によって表現されている。これらの交換活動は，

独立したものというよりは，むしろ相互に依存しあっていることである。とくに社会的交換，および技術的交換が関連している。実態調査によれば，技術部門の関係者が，緊密度・開放度などの社会的交換を重視していることが実証されており，とくにこれは，情報交換の意味情報を獲得する場合には，とくにパーソナルな社会的交換が必要となることを示唆している。

　この三国間貿易の network triad の最小単位の組織網セットは，ノードを通じたフローであり，そのフローはネットワーク構造を構築する双方向の資源交換のプロセスであり，三者のアクターは二つの交換関係にある。組織網における変化は，Aがイニシァティブをとり，その変化の旨が伝達され，Bがノードとなる。その変化とは，たとえば品質，価格，数量，決済，受渡し条件などの変更，共同開発など取引上種々さまざまであろう。その変化によって，A対B，B対Cの交換関係の変化や組織網自体のリストラが生じる。その場面の変化（change sequence）のプロセスについて，G. イーストン他（1988）は，物理学の考え方を援用して reflection/adaptation/absorption/transmission/transformation（反射/適応/吸収/伝達/変換）などをあげている。

　たとえば，製品仕様の変更について，Aが要求してきた場合，reflection プロセスであれば，Bはその他のネットワーク・メンバーの gatekeeper として，その変更ができないと拒否するか，ないし取引を破棄するといった反応を示すことである。adaptation とは，製品仕様の変更についてそのまますべて受け入れるのではなくして，BはAと折衝することによって，なんらかの代替的な仕様変更を行い，reflection と比較すると適応的であるということである。したがって，その他のメンバーには本質的な影響を及ぼさない。absorption は，BがAの変更依頼を受容し，B組織内部で問題解決をはかることである。たとえば，製品仕様変更についてBが行い，価格の値上げを他のメンバーに伝えずに自らが吸収してしまうことである。transmission は，変更に関して単に他のメンバーに自動的に伝達することであり，まさにネットワーク的といえる。製品仕様変更に対して，つぎつぎにメンバーが値上げしていくような事例である。transformation は，Bが変更をすべて承諾して，他のメンバーにそう変換する

第Ⅰ章　貿易取引とはなにか　43

ように依頼する。以上，基本的な五つのパターンについて説明したが，これらの混合したものもあろうし，現実では他にもいろいろなパターンがありうる。

次に，この Network Triad の組織網セットのパターンを基本にして，拡大していく日本企業の行動特性としての「日本型企業組織網」について考察する。

(3) 日本型企業組織網の均衡化理論

図1.7の**場面1**のとおり，かりに A をイギリスの買主 B を日本の売主とし，14インチのカラーテレビを輸出していたとし，その後円高要因などにより，B のブランドおよび spec. に基づいて同図の**場面2**のように，B は台湾の C と委託生産契約を結び，日本から台湾へ生産拠点を移転したと仮定しよう。ただし，日本から輸出していた段階で，B がイギリスに支店をすでに設置していた場合も想定される。さらに，イギリス市場での競争激化により，A は B に対し値引き要求を依頼してきた。B は C に委託生産を始めたばかりで，値引き依頼することをいわずに，B の取り分を削減して値引きに応じたわけである。これは，上記のプロセスでは，absorption ということになる。しかし，その後また値引き依頼があったが，B もこれ以上は，B 組織内部で消化しきれず，C に対してその旨を伝達し，C はそれを受け入れた。transmission の事例である。さらに，イギリス市場では，韓国，台湾などのメーカーによる追い上げ価格競争が激しくなり，再度の値下げ依頼があった。しかし，B としても C と交渉したが，台湾通貨対米ドルとの切り上げで値下げが難しいことが分かったので，**場面3**のとおり，タイ国の D から一部半加工したものなどを支給すれば，価格の値下げに応じることができた。これは，transformation ということになる。

これでは B はあまりメリットもないし，イギリスのほかのヨーロッパ諸国やアメリカにも輸出しなければならないので，**場面4**の示すとおり，中国で合弁会社を出資比率50％対50％で設立し，新たな生産拠点を設けた。この場合，最近の中国の天安門事件や社会体制の違いから，いつなんどき工場などが政府によって接収されるかなどのカントリーリスクをも勘案しておかねばならない。さらに，日本側は，台湾，タイ，中国との関連があるし，市場拡大のために，**場面5**のように，独自でイギリスに販売子会社をおき，ヨーロッパ市場の販売

44 第1編 マクロ編

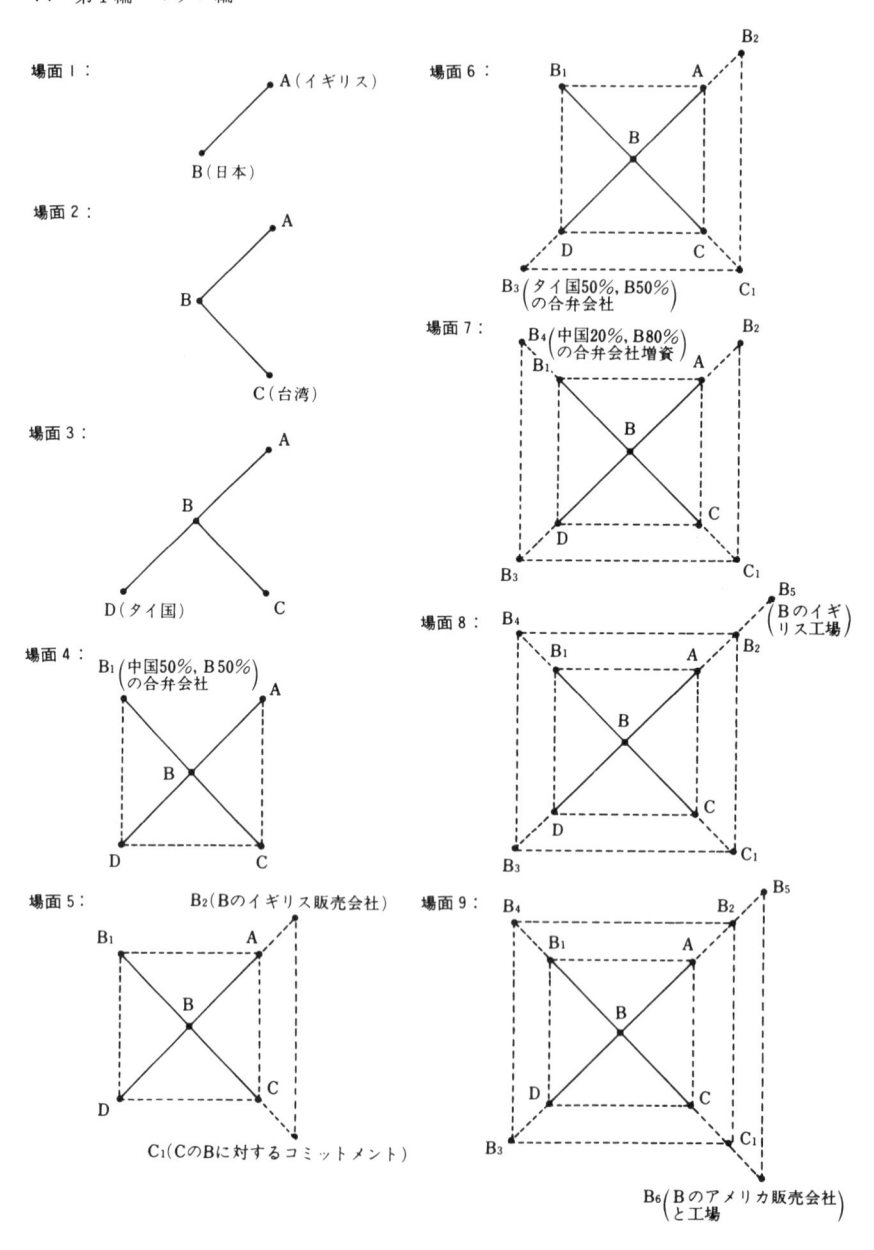

場面1:
A（イギリス）
B（日本）

場面2:
A
B
C（台湾）

場面3:
A
B
D（タイ国）　C

場面4:
B_1（中国50%, B50%の合弁会社）
A
B
D　C

場面5:
B_2（Bのイギリス販売会社）
B_1　A
B
D　C
C_1（CのBに対するコミットメント）

場面6:
B_1　A　B_2
B
D　C
B_3（タイ国50%, B50%の合弁会社）　C_1

場面7:
B_4（中国20%, B80%の合弁会社増資）　B_2
B_1　A
B
D　C
B_3　C_1

場面8:
B_5（Bのイギリス工場）
B_4　B_2
B_1　A
B
D　C
B_3　C_1

場面9:
B_4　B_2　B_5
B_1　A
B
D　C
B_3　C_1
B_6（Bのアメリカ販売会社と工場）

図1.7 クモの巣組織網の均衡化

拠点とした。そのかわりに，イギリス市場に関しては，買い手のOEMブランドだけとし，日本メーカーのブランドのみを独自で供給するものとした。このような状況下では，イギリスの買い手とは完全に決別することがあるし，実際にはそのような事例のほうが多いのかもしれない。台湾にしても，今度は日本企業のイギリス販売会社に輸出するほうがよりコミットできるだろうし，日本と他の製品の共同開発も可能であるし，より日本に対する依存性が高まったのである。

　タイ国との関係は，カラーテレビの半加工を契機にBの音響製品などの完成品の組み立ても依頼していたが，予想外に技術能力もあることが分かり，かつ台湾などよりは低コストであるし，中国よりはカントリーリスクが低いといったような理由から，**場面6**のとおり，出資比率50％対50％の合弁会社を設置した。さらに，**場面7**のように中国工場の出資比率を80％対20％に変更し一層の内部組織化をはかった。欧米諸国では，貿易摩擦問題が激化し，イギリスでは工場を設立し，アメリカにおいて販売会社および工場を設けた。**場面8**と**場面9**がそれを示し，アメリカ進出は，台湾Cがもつ同社製品の米国市場のシェアを牽制する意味もまたあった。

　この事例のとおり，供給業者，需要業者にしても，クモの巣のように組織網を張り，時には相手を牽制し，外部環境の変化に適応しながら自己の位置づけを均衡化する努力をしなければ，企業が存続し，成長することが難しいということになろう。これは，いわゆるネットワーク論でいう車輪型ないし星型結合であって，Bを中心とする垂直的統合に近い。各メンバーは，Bとの相互作用的関係にあり，その関係を分析するうえにおいては，その交換内容，交換内容の多重送信性の度合，その方向的流動性などによって測定することができよう。

　またマーケティング学者のW. オルダースン (1964) は，マーケティングにおける三つのレベルの均衡を指摘しているが，その一つである組織的行動体系間における対外関係のネットワークにかかわる市場均衡は，まさにこの事例の組織網均衡化と関連しているといえる。

「クモの巣組織網」としたのは，わが国特有の社会的ネットワークとして，クモの巣の糸のように一見もろそうに見える細い糸なので，あたかもメンバーの自律性を開放しているかのようであって，実は裏面ではちまちまとした，あらゆる角度からメンバーの行動をチェックし，究極的にはわが国独自の階層組織に取り込もうとしていることを象徴したかったからである。したがって，この呼称は比喩的であって，分析的ではない。そのような意味からすれば，クモの巣組織網は，アメリカなどにおけるより直線的な太い糸による明確な権限構造に基づく階層組織とは，異にするといえる。オルダースンにしても，組織的行動体系は，組織の全体の集合からなる「生態的な糸」(ecological web) の世界で存続と成長のために努力しているとしている。「均衡化」としたのは，需要企業や供給企業などの新古典派的均衡は現実の世界ではまず少なく，外へ外へとクモの巣のように果てしなく組織網を囲み，ある時は均衡に近づき，またある時は均衡から離れ，その全体としてのシステムの均衡化へと収れんしようとし，企業は少なくともその均衡の近くに接近の努力をすると主張したっかたからである。もちろん，R.M. エマーソン (1962) がいうような，

$$P_{ab}=D_{ba}$$
$$\|\qquad\|$$
$$P_{ba}=D_{ab}$$

（ただし，P は Power(パワー)，D は Dependence (依存性)。P_{ab} は，a の b に対するパワー関係を示す）

の方程式をもって均衡とすることもできよう。しかし，組織網はそのバランスをとる傾向にあるのであって，かならずしも均衡しないのが現実である。この事例だけをもってして仮説とするには限界はあろうが，経験則ではこれに近い関係において，少なくとも家電業界における現在までの日本企業の行動特性が，ある程度まで反映されているのではないかと考えられる。

(4) 日本企業の課題

クモの巣組織網ともいうべき日本型企業組織網の均衡化理論について述べたが，これは中心度の高い，支配—非支配的構造の集中ネットワークの車輪型であって，今後とくに先進国企業との提携などを通じて，いかにして支配構造の少ない，かつルース (loose) であり，協働的な非集中ネットワークを構築していくかが，日本企業の課題の一つであろう。

それには，まず日本企業が西欧的個人主義を理解することから始めるべきであると考えられる。なぜならば，現実の貿易取引・国際マーケティング・国際経営は，西欧的合理主義に基づく効率性だけをもってしても，とうてい把握されうるものではないし，むしろ世界の人びとがもつ「価値観」といったような社会観によって影響される場合が多いと思われるからである。

そもそも，アメリカ的合理主義ないし個人主義は，ヨーロッパから分岐したアメリカ独自の土壌に馴染みやすいものだったのであり，それ自体がアメリカの「支配的価値観」となってしまった。西欧の個人主義からみれば，「われわれ日本人は鋭い矛先をもっているがすべてが同じ高さ，同じ方向に一糸乱れずに協働し，組織における行為の目標を達成するためにおのおのすべてが貢献する」〔C.カールソン（1989）〕ことになるという。すべての人間が同質になって，個人を滅し，ただひたすらに組織のために働く発想などは，おそらく彼らにとっては背筋が寒くなる思いがするのであろう。しかし，全体組織の和を重んじ，学習効果を通じて個人と組織が一体となって目的を達成するといったこの日本的集団主義が，確かに経済成果を高めるうえにおいて大きな役割を演じてきたことは否めない。しかも，この日本企業がもつ企業文化は特有であるがゆえに，経済的効果を生む原動力になったと考えられる。

ただし，単なる経済的尺度からすれば，このような企業文化は価値あるものなのであろうが，人間のもつ価値基準からすれば個を失うことが果たして価値あるものなのかは疑問であるといえよう。集団主義のもっとも危惧される部分は，すべてが同質でなければならないから，異質のものを排除する傾向が強く，たとえその異質性が正当であり，全体組織のよい意味で抑止力として作用するにしても見向きもされないことである。欧米諸国にせよ，かれらがもつ価値観をベースにすればこの日本の特異性――われわれのもつ価値観からすればそうではない――について懸念しているのであって，このあたりのギャップを埋める必要性があろう。これには，西欧的個人主義について学ぶことが重要である。といって，英米企業のように個人志向のみを強調すれば，組織の維持と安定といった観点からすれば，欠点となってしまうから，すなわち「個人志向と集団

志向の均衡化」こそは，わが国企業に課せられた課題の一つといえる。

　21世紀に入る頃には，日本企業のとくに自動車，家電，事務機器などの分野では，平均して国内販売50％，輸出25％，海外生産25％程度の割合になると予測される。したがって，ますます異質の価値観との接触が多くなり，その場合にわれわれだけの価値観をもって対応するならば，かならずやなんらかの問題を起こすから，相手国の価値観を十分にふまえる必要があろう。時には，われわれの精神構造の変革を余儀なくせざるを得ない場合もあろう。

　　［上記の(3)および(4)は，主に拙稿「日本型企業組織網の均衡化理論——経済的・社会的交換モデル——」(横浜商科大学学術研究会編『横浜商大論集』第23巻第1号　1989年）による。］

第II章　貿易管理制度

1　貿易政策とはなにか
(1) **貿易政策の意味**

　貿易政策とは，対外取引の貿易（主に商品の輸出入）に働きかけることによってその国の経済厚生を高め，円満な均衡的発展をはかろうとすることである。その理論的根拠としては，比較生産費説による自由貿易論や，国内産業保護を意図とする保護貿易論などが伝統的である。つまり，政策は現実のなかで問題を発見し，その特性と因果関係を観察し，問題解決をはかるためにその手段を整備するところにある。理論は，手段の妥当性を問うための適否基準となる。

　しかしながら，前に述べたとおり今日では貿易取引の外延的拡大に伴って，いわゆる労働や資本の生産要素，生産技術，経営技術などが移動する時代であるから，従来の貿易論に基づく貿易政策のみに限定してしまうことは，分析の総合的観点からして片手落ちになってしまう嫌いがある。貿易政策の伝統的手段の体系としては，関税政策，非関税障壁，貿易数量を制限する輸出入数量割当制（輸出自主規制も含む）や，輸入許可制などの貿易統制があげられよう。もちろん，通商条約・貿易協定・経済統合などは貿易政策の一環でもある。このほか金融政策，対外援助政策，国際文化交流政策，国内消費税なども，広い意味で貿易政策に関連し，いわばその国の対外経済政策が貿易政策といえよう。

　たとえば，現在国内で支払っている商品2,000円のものに10％の輸入関税が賦課されれば，消費者は2,200円で購入しなければならず，従来より200円高く払うことになり経済的損失を被り，他方で生産者は，価格が高くなったので，より高い利益に預かる。その場合，消費者需要量は減少し，生産者供給量は増

加し，政府は200円の関税収入を得ることになり，いわばこれは輸入関税の効果であり，政府が手に入れた200円が消費者に対して還元されないかぎりでは消費者にとっては不利に働こう。輸入関税のかわりに，200円の生産補助金が支給されれば，生産者には輸入関税10％の場合と同じであるが，消費者にとっては国内価格が上がらないので関税よりも補助金のほうが経済的損失を被らない。しかし，補助金に加えて200円の消費税が賦課されれば，輸入関税の効果と同じになってしまう（詳細については，伊藤元重『国際経済入門』日本経済新聞社　1989年を参照）。このように政府がとる関税政策は，国内の消費税にかかわる経済政策と連動していることに留意すべきである。

(2) 貿易政策としての文化交流基金システム

最近，自民党が「国際貢献基金」について消費税を現行の3％から5％に引き上げ，その1％を基金に充てるといった構想を打ち出した。ようやく，わが国では湾岸戦争の危機を通じて，その必要性を政治家自身が現実的に認識し始めたということは注目に値する。筆者自身は，これに近い構想を対外貿易摩擦との関連ですでに約10年前に提唱している（たとえば，拙稿「国際収支からみた通商摩擦の現状」『月刊政界』政界出版社　1982年3月号など）。そのまとめた内容は次のとおりである。

「たとえば，わが国の貿易摩擦における問題解決にあたって，もちろん貿易政策の措置，経済援助等を講じることも必要であるが，本誌で何度か提唱したように，貿易のインバランスになっている相手国に一定の率の利益をプールするようなシステムを設置し，その基金を相手国の文化や学問の進展に寄与することに使用し，相互の文化交流を図る。こうすることにより，すぐにはその効果は期待できないにしても，長期的な展望にたてば，相互国間の個人的な相互作用も活性化し，かつ相互の文化社会制度や価値規範の相違を理解し，尊重しあう期待感が醸成されてくるのではあるまいか。この**基金システム**は，相互国間の貿易摩擦において自動安定化装置，ないしフィードバック・コントロール的な役割を演じ，システムの安定化につながることにもなろう」［拙稿「多極化構造の通商摩擦と貿易マーケティングの特質」下巻『月

刊政界』政界出版社　1983年3月号　92ページ]。

　自民党が提案した「国際貢献基金」や，文化・学問などの交流基金システムも，直接的ではないにせよ，広い意味では，貿易政策の一つということになろう。物質的な国際経済援助などは，もちろん不可欠であろうし，国際文化交流といった，国際収支表にあらわれない精神文化面で黒字をつくることもまた，とくに対外摩擦問題との関係で今後のわが国にとっては重要なことである。

　本書の第Ⅰ章第2節で述べたように，第二次世界大戦後（以下，戦後という）においてとくにわが国の貿易政策は，関税政策よりは輸入制限を軸として輸出活動を促進する貿易管理制度のもとに進められてきた。しかし，わが国の貿易黒字が目立つようになり，貿易摩擦問題が表面化し，その諸問題の発生のつどに貿易管理制度を変更することなどによってそれなりに対応した。にもかかわらず，わが国の施策措置は，その場限りの継ぎはぎ的なもので抜本策は認められなかった。もちろん，このような摩擦問題は，全面的に解決できるものではないが，少なくとも軽減する必要はあろう。

　本章の第2節では，貿易摩擦の背景を概観し，貿易取引と関連する貿易管理制度の基本法的性格をもつ外為法について第3節で述べ，通常の民間の保険会社がカバーできないようなリスクから生じる損害をてん補する貿易保険法に基づく政府の貿易保険制度に関して第4節で考察する。以上のような手順をふむのは，法制度は目的に対する現実における具体的手段であって，まさに貿易政策と連関しているからである。

2　貿易摩擦の背景
(1)　戦後から1980年代初期までの摩擦問題

　戦後の廃墟からはい上がり，今日の富みを築きあげるうえで，わが国は民間政府ともに一丸となって努力してきたことは確かであろう。終戦直後における世界GNPに占める日本のシェアは，1％程度に満たなかったのが，今日では15％あまりにも達したのは，まさに世界諸国にとっては脅威なのである。

明治維新以降,欧米諸国は強制的にわが国に対して門戸開放を迫り,明治政府は急きょ対外政策を講じ,開発独裁によって思い切った経済政策を取りえたから,戦後の経済的繁栄に向かうそのインフラストラクチュアを戦前に築くことができたともいえる。欧米諸国や,わが国の植民地政策の犠牲になったアジア諸国,とくにアジア NIEs・ASEAN が経済的にテークオフ(離陸)したのは,戦後のことである。わが国は,米ソの対立した冷戦構造のなかで,逆に漁夫の利を得,戦後の経済復興のうえでアメリカから多大の援助と恩典を享受し,それが今日の富みを蓄積する大きな牽引力の一つとなったことも事実である。

　わが国は敗戦を迎え,植民地にされることもなく,逆境の環境条件にもかかわらず,すべての悪条件を好条件と化した。しかしながら,わが国は輸出活動を軸として経済復興するにつれて,貿易摩擦問題が顕在化してくるのである。すでに,1950年代に繊維製品の対米輸出について問題視され,摩擦問題の兆しがうかがわれた。当初は,鉄鋼,カラーテレビなどの個別製品にかかわる摩擦が常とされたが,今日では日米構造協議にみられるような日本経済の貯蓄・投資パターン,排他的取引慣行,流通などの構造問題にまで進展している。さらに,文化摩擦問題なども取り上げられ,日本産業の個別的分野から全般領域にわたる日本の総合的な根幹にまで摩擦問題は侵食しているといえよう。

　戦後から1980年代初期に至るまでのわが国のアメリカおよび EC 間の貿易摩擦問題は,表2.1の示すとおりである。50年代末には,綿製品などの繊維製品や,軽工業品にかかわる摩擦問題,60年代後半において鉄鋼の貿易摩擦,70年代の前半ではカラーテレビ,同年代後半には自動車や電電公社資材調達問題などがクローズアップされてきた。いわば,わが国の産業・貿易構造の変化に伴い,労働集約的製品から素材産業,さらに知識集約型の電気機械,一般機械などへと摩擦問題の対象が移行してきた。これらの摩擦問題の経緯の背景に関して,拙稿「日米通商摩擦は回避できるか」(『月刊政界』1982年1月号)に従って,以下たどってみよう。

(2) その背景と対象製品

　過去なんどか発生してきた日米間における通商摩擦の問題は,1964年にわが

表2.1　わが国の対先進国通商問題に関する主な経緯と対応

日本―アメリカ間		日本―EC間	
経　緯	対　応	経　緯	対　応
・69　アメリカ政府，日本に対し繊維の自主規制要請 ・70　アメリカ政府，日本製カラーTV，板ガラスにつきダンピング事実を認定	・69　第1次鉄鋼対米輸出自主規制 (69/1～71/2) ・71　日本繊維業界対米輸出自主規制宣言 ・72　日米政府間繊維協定締結 ・72　第2次鉄鋼対米輸出自主規制 (72～74)	・71　日本製鉄鋼輸入急増	・69　日本―ＥＣ間綿製品輸出入交渉妥結 ・72　高炉6社，輸出入取引法により鉄鋼輸出自主規制
・75　アメリカ政府，日本製自動車につきダンピング事実なしと認定 ・76　アメリカ政府，特殊鋼輸入に関し，輸入救済措置を発動 ・77　アメリカ政府，カラーTVに関し輸入救済措置を発動 ・78　アメリカ政府，鉄鋼輸入に関し，トリガー価格制度を導入 ・78　アメリカ政府，日本電電公社資材調達方法の門戸開放を要請	・77　カラーTVにつき日米政府間で，OMA（輸出秩序維持協定）を締結 ・77　TFC（日米通商円滑化委員会）発足非課税障壁につき具体的討議開始 ・79　アメリカ下院歳入委員会日米貿易報告発表（第1次ジョーンズ報告） ・79　日米賢人会議発足 ・79　アメリカ会計検査院日米貿易問題につき報告書	・76　経団連訪欧使節団に対し，対日批判集中 ・76　EC委員会，鉄鋼・自動車・造船・ベアリングに関し，自主規制要求 ・77　EC委員会ベアリングに対し，ダンピング課税決定 ・78　EC鉄鋼に関してbasic price制度導入	・77　対イギリス自動車輸出自粛に関し，日英自動車産業間で情報交換
・80　全米自動車労組・フォード社，日本製自動車輸入に対する輸入救済措置発動を要請 ・80　ITC，日本製自動車輸入問題につき，被害の主因ではないと認定	・79　TFCアメリカ製品の対日輸出促進のため，新さくら丸にて見本市実施 ・80　第2次ジョーンズ報告 ・80　日本電電公社調達方式につき日米政府間合意 ・80　日米賢人会議報告 ・81　自動車につき対米輸出自主規制	・80　EC委員会，日本に対し自動車輸入自粛要請 ・80　EC委員会，「ECの対日貿易政策――一つの再検討」発表 ・80　EC外相理事会，対日経済関係に関する声明を発表 ・81　EC外相理事会，EC委員会に対して特定の日本製品の輸入監視について，定期的な報告を要請	・80　日本政府，貿易摩擦に関する基本的立場をEC委員会へ伝達（外相声明） ・81　通産省とイギリス産業省との間で産業協力に関して意見一致

出所：通商産業省編『通商白書』（昭和56年版）大蔵省印刷局　1981年　259～260ページ。

国は貿易を一部自由化し，国際社会に貿易立国としての産声をあげ，広大なアメリカ市場を求めて対米貿易を基軸として，ドルの獲得に奔走した結果，わが国が富みと技術を蓄積しえた頃から芽ばえたといえる。

その後，アメリカは，わが国に対して自由貿易のもとでの市場開放を迫り，ガットもまたなんどとなく関税，非関税障壁の撤廃を要請してきた。そのつど，わが国はいわゆる日本的な曖昧さと思われる優柔不断な回答をして，場当り的な政策措置によってどうやら難関を切り抜けてきた。しかし，この場合，わが国はわが国なりの内情が秘められ，国内産業の保護育成や，市場の整備をしなければならないといった実情があった。すなわち，国内産業や，市場機構の整備，強化を促進することによって企業の国際競争力をつけさせることを急務としていたのであるが，アメリカにはこれらの国内事情，政策が理解されずに，それはわが国の保護主義政策として受け止められた。

戦後，アメリカ経済に依存してきたわが国の日本的発想に基づく遠慮と婉曲的な説明，および日米間の考え方の相違が両国間の亀裂につながる要因ともなった。実用主義，合理主義を基盤とするアメリカの精神構造にたてば，自由主義開放経済体制にあっては，必要以上の政府の産業に対する介入や，行政指導に対して反発を招くのは必至である。明治維新以来の官民一体思想が，産業自体の政府に頼み込んで庇護を求めるような甘えの慣習的構造となり，アメリカに不信を買うはめになってしまったともいえよう。

1960年代後半頃より，とくにアメリカの国際収支の赤字，日米貿易収支の不均衡が高まり，アメリカとのあいだに通商，ことに貿易面における問題が顕在化し，通商摩擦となって現在（1981年後半）に至っているのである。すなわち，60年代後半以前にも，50年代の半ばに綿製品の対米輸出自主規制なども行われたが，摩擦として表面化はせずに解決された。69年に始まる毛・化合製品問題は，日米間の通商史上に一大波紋を投げかけたのである。これもなんとか政治的決着によって終結した。しかし，両国に抜本的解決策があったわけではなく，日米の友好関係を維持する目的が先行してか，貿易不均衡問題を根本から是正せずに終わった。

1960年から73年のあいだにおけるGNP平均成長率は，日本の10.5％，アメリカの3.9％であった。このような日米経済における経済成長率の格差による当然の結果として，貿易赤字に悩むアメリカは，わが国に対してカラーテレビや，鉄鋼の輸出を問題にした。いずれも，日本側の輸出自主規制といった施策措置で対処したものの，その後もアメリカ政府は，わが国に対して以前にもまして強い圧力を行使した。つまり，関税・非関税障壁の撤廃策による保護主義の排除を要求し続けた。そのつど，わが国は，現状におけるできるかぎりの努力をすることによって，それを調整し解決した。しかしながら，その施策は応急手当で一時的にキズの患部をいやすようなもので，日米間における摩擦の原因を除去する抜本的な解決策とはならず，次にすぐまたなんらかの通商上の摩擦の発生が予期される自覚症状的な性質を帯びていた。

　わが国の貿易収支（IMF方式）は，1973年の石油ショック後は大幅ではなかったが，黒字の一途をたどり，76年の約100億ドル，77年の約175億ドル，78年に至っては250億ドル程度にまで達した。この当時における欧米諸国の経済は芳しくなく，当然の成り行きとしてアメリカは，わが国に対して黒字べらしを迫り，緊急輸入を主とする施策などで対処した。同時に，日本電電公社の資材調達の方法もまた問題となった。要は，全面的な市場開放を究極の目的とするアメリカの圧力に対して，その開放スケジュールの具体的な方法をわが国は提示できなかったのである。

　その後，自動車も大きな摩擦問題を提起したが，将来もまたVTRや，その他の製品についても問題が表面化する波乱要素を含んでいる。また，最近におけるアメリカの対日貿易収支の赤字が予測されるから，再びアメリカ政府の圧力が自動車のような特定品目を対象とするだけでなく，29品目の関税撤廃，非関税障壁の改善など，より具体的・抜本的な包括的要請となってわが国政府に提示され，従来とは異なった通商摩擦化の様相に転じてきている。

　明治維新から今日に至るまでの史的事実関係をみるかぎり，わが国の対応は常に「外圧」によってはじめてその方法を考えるといった消極的なもので，アメリカをはじめとする諸外国に，外圧を加えなければ対策を講じない「国」あ

るいは「国民」という好ましからぬ印象を与えてしまった嫌いがある。また，圧力を加えればある程度のことはする「国」「国民」と思われてはいないであろうか。これらの汚名を返上し，先進工業国として国際的に信用を勝ちえるには，国際社会において孤立することなく，協調性に基づいた相互依存のなかで，相互利益の追求のすべを考えることである。

　以上のとおり，日米通商摩擦の経緯を史的にたどると，日米間における通商問題の複雑さが理解されよう。通商摩擦の問題は，いわゆる「古くて新しい問題」として断続的ではあるが，継続的に両国間における貿易収支と密接に関連しているかのように台頭してくるのである。次に，摩擦問題の対象となった個別製品についてその背景をみてみよう。

i　繊　　維

　1960年代の後半に当時のニクソン政権は，毛・化合製品の包括的対米輸出自主規制を日本に対して要請し，3年間にわたる「日米繊維戦争」の火蓋が切られた。日米繊維問題は，両国のあいだに歴史的背景の根ざすところは深い。50年代の半ばにも綿製品のわが国による対米輸出自主規制などはあったが，大きく表面化はしなかった。69年の繊維問題の発端は，わが国のアメリカにおけるシェアはわずか2，3％に過ぎなかったものの，当時ニクソンは大統領選で南部の票田を集めるために日本に対する規制措置をとることを公約し，わが国の政府に対し圧力をかける経緯となったのである。

　ニクソンは，1960年の大統領選でケネディに小差で破れ，さらにカリフォルニア州知事選でブラウンに大敗を喫し，政治生命をストップされた，と当時の現地の新聞は伝えている。その後ニクソンは大統領選に再出馬し，当選した。それは，あらゆる手段を講じても勝利を獲得しようとする権謀術数の当選ともいわれた。いわばわが国の繊維業界はそのいけにえにされたといっても決して過言ではない。

ii　カラーテレビ

　アメリカ政府は，1970年にわが国のカラーテレビについて国内価格とアメリカへの輸出価格の二重価格を指摘し，ダンピング事実を認定した。その後，両

国は紆余曲折の過程を経て，77年7月に日米政府間のOMA(輸出秩序維持協定)を締結し，わが国の対米年間輸出量を175万台とする制限枠を設けた。わが国のメーカーは，急きょアメリカにおける現地生産体制を整備し拡充し，その結果79年のカラーテレビの対米輸出量は，OMA年間輸出枠の60%足らずとなった。他方で，わが国のメーカーのアメリカ国内における生産量は200万台にも達し，その需要を現地生産で賄うようになった。

1980年6月で同協定による輸出制限は，わが国に対しては撤廃され，台湾・韓国については2年間の協定の延長が決定された。これにより，わが国との通商摩擦は，一応決着をみた。今後において，わが国にとってはむしろ，韓国などのOMA枠が撤廃された場合の追い上げに苦慮されよう。

iii 鉄　　鋼

わが国の対米鉄鋼輸出は，1960年代に入って増加傾向になり，いち早く日本鉄鋼業界は69年から74年にかけて対米輸出自主規制を実施した。さらに，アメリカは鉄鋼輸入にトリガー価格を導入したので，摩擦問題に若干の歯止めをかけた。

アメリカ商務省は，ヨーロッパ5ヵ国などの鉄鋼製品に関するダンピング調査を開始し，欧米諸国間の摩擦が懸念された。また，昨今の経済不況に悩むアメリカの鉄鋼メーカーは，長期間にわたる設備更新投資を怠って，生産性の低下をもたらす原因となった。わが国の鉄鋼業界は，1990年には現在の新設備比率が，現行の約60%から36%程度にまで低下することが予測され，その間隙をぬって韓国などの追い上げに対応しなければならず，頭を悩めている状態である。

iv 電電公社資材調達

1978年，アメリカ政府は，電電公社資材調達について門戸開放を要請した。80年に至って，その調達方式に関して日米両国の政府間による合意をみたものの，わが国の通信機の対米輸出は，大幅な入超が続いた。81年に締結した二国間の合意協定があるにもかかわらず，アメリカは「相手国の資材調達方式が手続き上複雑で，自国製品が事実上排除される場合，相手国の通信機器を輸入規

制する」というアメリカ通信法の修正案を提出し，米上院で可決された。両国間の通商摩擦が再燃された感が強く，最近の富士通の例もあって，今後の成り行きは予断が許されない。

v　自動車

1979年終わり頃から表面化してきた日米自動車摩擦は，70年代半ば頃から問題とされ，一応，81年5月に対米輸出自主規制で合意はみられたが，将来において決して予断は許されない。60年の対米自動車輸出量は，2,000台足らずのものであって，79年には約180万台にも達し，アメリカにおけるわが国の小型車の市場シェアは，大幅に増加してきた。それは，石油ショックによってアメリカの国内需要が燃費効率の高い小型車に集中したことなどが大きな原因であった。また，アメリカの自動車メーカーは，利益率の高い大型車の生産に傾注し，利益率の低い小型車開発に立ち遅れたこともその一つの原因であった。いわば，日本車が消費者のニーズに合致した結果であって，アメリカ側の主張するような日本車のダンピングによるといった非難は，決して当を得ていない。

アメリカ側は，たとえこれらの事実を承知していたとしても，なおわが国に対する攻撃の手を緩めなかったのは，おそらくあらゆる利害が錯綜した高次元の政治的問題が絡んでいたからであろう。たとえば，①UAW(全米自動車労組)のフレーザー会長の政治的な対日輸入規制発言，および同氏の公私にわたる利害的立場，②20万人にのぼるアメリカ自動車産業の失業者問題，③大統領選に絡む票田獲得の思惑，④アメリカ自動車メーカーによる政治的圧力（現在ばかりでなく将来にわたる世界の自動車シェア争奪問題も含む）などが，その政治的利害であったと考えられる。

まさに，アメリカにおける一般消費者の公共利益を疎外した，特定利益を擁護する「利得の権力的配分」の政治力学が底流に大きく作用している。この特定利益グループの推進者として活躍するロビイストの役割をアメリカにおいては留意しなければならない。ある意味ではフレーザー氏こそ大物のロビイストといえるのかもしれない。

以上は，同上拙稿において，当時の摩擦問題について述べた一部である。ア

メリカのロビイストの実情にも触れた。さらに展望と対応策において「外国との摩擦問題を解消し，予防するために，常設の官民一体の独立した『機関』を学識経験者や，消費者を加えて設置し，責任をもって積極的に秩序ある通商関係を維持するための強力な指導機関とすべきである」といった主張をもまた提起した。

(3) 1980年代初期から現在までの摩擦問題

1980年代に入って，アメリカ，EC諸国などの保護貿易主義の傾向が強くなってきている。平成2年版の『通商白書』は，その原因として，日米欧とアジア諸国の国際競争力構造の変化，労使双方の保護主義的な圧力，先進諸国の対外収支不均衡の悪化や，産業構造の硬直とその調整力の低下などをあげている。

このような保護主義の動きに連動するかのように，1930年代の世界経済の恐慌時代におけるブロック化とは，いささかその性格は異なるにせよ，世界経済の地域主義が台頭してきたともいえる。たとえば，92年のEC統合，北米自由貿易圏創設の活発化，APEC (Asia Pacific Economic Cooperation, アジア太平洋経済協力)閣僚会議，EAEG (East Asian Economic Grouping, 東アジア経済グループ)構想などである。しかし，これらはかならずしも保護主義への動きと全面的に決めつけるわけにはいかないであろう。他方で，86年後半から開始されたGATTウルグアイ・ラウンドでは，自由貿易体制の維持と強化，ならびに通商新秩序を目指し，90年の12月の交渉期限をこえて，目下交渉が続行されている。しかも，昨今の米ソ緊張緩和，ドイツ統一，ルーマニア革命などの東欧社会主義の変革，さらには湾岸戦争といった一連の世界情勢の変化に伴って，形成されつつある新しい世界秩序における世界経済の枠組みのなかで貿易摩擦問題についても考えねばならない。

表2.2は，わが国の通商摩擦，とくに貿易摩擦問題の現状を示している。とりわけ工作機械，自動車，VTR，半導体などの輸出問題，農産物の輸入問題などは，1980年代から今日に至るまでクローズアップされている。同表をみるかぎりでは，鉄鋼問題は現在でもなお続き，カラーテレビは一応決着をみたようである。そのかわりにVTRや，半導体が摩擦問題の俎上に載っている。第一次

60　第1編　マクロ編

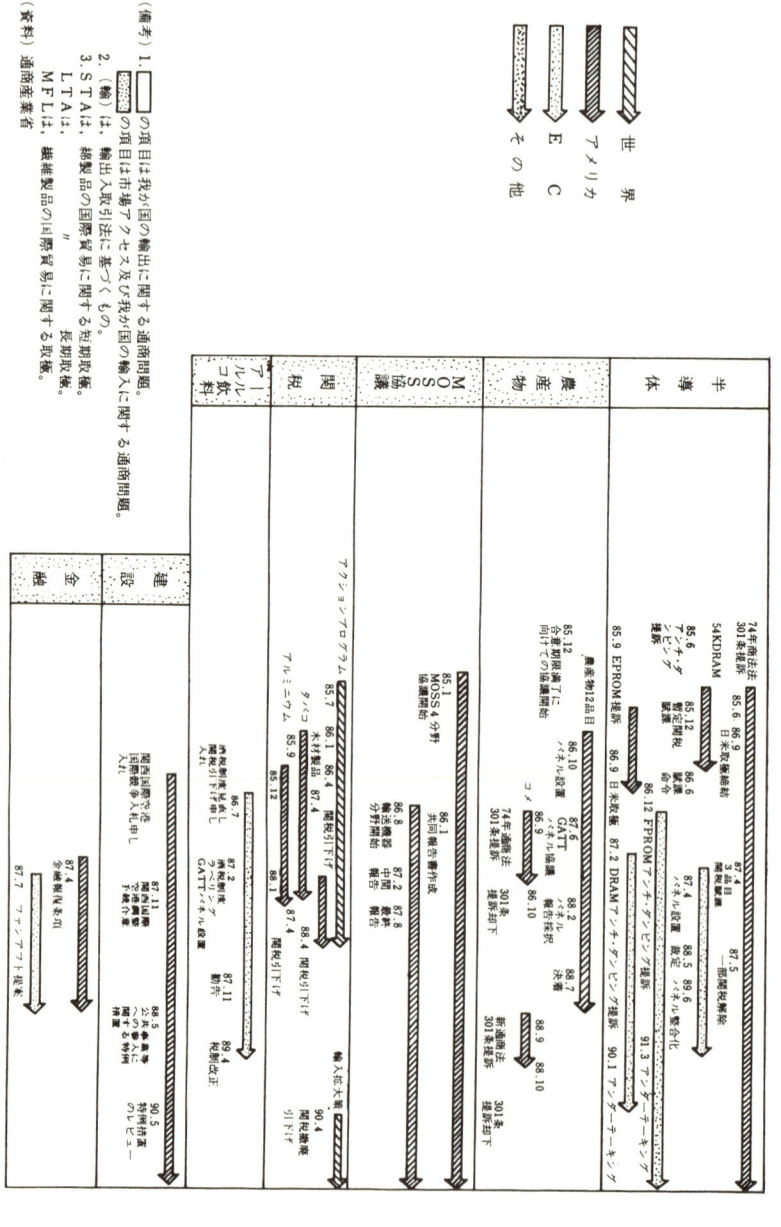

半導体		74年通商法301条提訴 85.6 85.12 86.9 87.4 87.5 SAKDRAM 日米半導体協定 アンチダンピング提訴 ジェッティング調査 暫定関税 裁定 閣議決定 一部関税解除 85.9 EPROM提訴 86.9 86.12 FPROM 87.2 DRAM アンチダンピング提訴 89.6 91.3 90.1 アンチダンピング提訴 アンダーテーキング バネル設置 バネル整合化
農産物		農産物12品目 85.12 86.10 87.6 88.2 88.7 GATT GATT バネル設置 バネル協議 報告採択 決着 米 86.9 74年通商法 301条提訴 新通商法 301条提訴 86.10 88.9 88.10 301条 提訴却下
MOSS協議		85.1 MOSS4分野 86.1 86.8 87.2 87.8 共同報告書作成 協議開始 輸送機器 分野終了 報告 中間報告
関税		タバコ 85.9 87.4 関税引下げ 木材製品 86.1 86.4 87.4 88.1 87.4 88.4 関税引下げ 関税引下げ アルミニウム 関税引下げ
アルコール飲料		アクションプログラム 85.7 86.7 87.11 88.5 89 90.4 90.5 内国消費税見直し 関税引下げ 関税国際競争入札申入れ 国際競争入札 公共事業等 関税改正 関税撤廃 特例措置のレビュー 87.11 GATTバネル設置
建設		87.4 全米商工会議主 87.7 ファシリティ決末
金融		

（備考）1. □の項目は我が国の輸出に関する通商問題。
　　　■の項目は市場アクセス及び我が国の輸入に関する通商問題。
2. （輸）は、輸出入取引法に基づくもの。
3. STAは、繊維製品の国際貿易に関する短期取極。
　　LTAは、　　　〃　　　　　　　　長期取極。
　　MFLは、繊維製品の国際貿易に関する取極。

（資料）通商産業省

出所：通商産業省編『通商白書』（平成3年版）大蔵省印刷局　114～115ページ。

世界 アメリカ EC その他

第II章　貿易管理制度　61

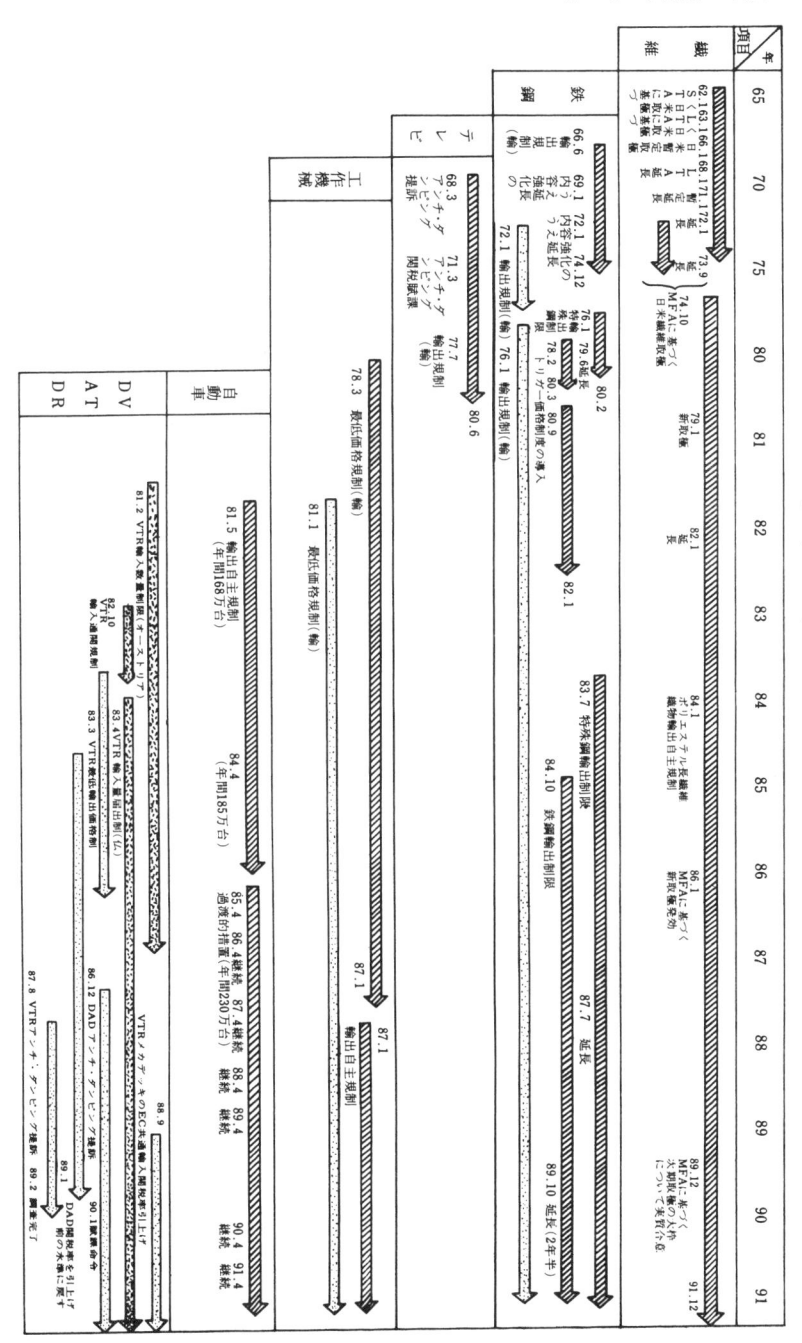

表 2.2　わが国の主要な通商問題の推移

日米半導体協定は，86年9月に締結され，同二次協定は91年8月から発効し，向こう5年間は再び協定の傘のもとに監視される。同協定の目標シェアの20％に達していないものの，外国製半導体のシェアは上昇しており，半導体紛争は形式的には一応の結着をみている。自動車は，対米輸出自主規制枠の230万台を下回っているが，アメリカ市場での現地生産量を合わせた日本車シェアは，30％あまりにも達し，その自動車本体の輸出枠ばかりではなく，部品問題にまで及び，さらには現地生産量にまで飛び火しようとしている。現在では従来の摩擦とは異なり，相手国の国際競争力のない製品ばかりではなく，先端技術製品や技術摩擦などにまでその範囲が拡大している。

　1985年以降，米ドル対円高基調のドラスティックな変化によって，昨今ではわが国の製品輸入比率は増加し，内需拡大もある程度まで実現できた。日本企業の海外直接投資にせよ，85年以後に急増するのであって，その進出動機は，貿易摩擦などの要因が強く働いている場合が多い。しかし，ソニーのコロンビア映画社買収などにみられるように，ごく最近に債権大国となった日本がその資金力にまかせ，なにをしでかすか分からないといった，経済論理よりは「感情的摩擦」もしくは「社会的摩擦」が目立ってきている。いわば，わが国の経済が拡大されるに従って，古くて新しい問題としての貿易摩擦問題が際だち，その対応として貿易取引の代替の海外直接投資を増やそうとすれば，またここで投資摩擦といった問題が次から次へと派生し，とどまることが知れない。おそらく，対外摩擦問題はこの世からまずなくなることはないにせよ，わが国の根本的なところになにか問題があるようだ。それについて，次項で考えてみよう。

(4) 今後の展望と対応

　前項で述べたように，摩擦問題は従来のものとは性格が異なるにせよ，現在でもなお続き，日米構造協議などに垣間みられるように，個別製品のみならず日本の社会構造にまで及ぶべきより総合的な問題に進展し，見方によってはますます悪化しているとも考えられる。もちろん，日本経済の影響力が大きくなれば，当然に摩擦問題が拡大するのであろう。といって，このまま放置してお

第Ⅱ章　貿易管理制度　63

くわけにはいかないし,今までのような継ぎはぎ的施策措置を講じるだけでは,とうてい問題解決には程遠い。まず,摩擦問題の根源を探る必要がある。

　摩擦問題の根底には,各国がもつ精神構造の違い,いわゆる価値観の相違に基づく「感情的摩擦」もしくは「社会的摩擦」による場合が多いのではないかと想定される。これについては,次のような例をもって考えてみよう。

　アメリカは日本が市場を開放していないといい,GATTの「残存輸入制限」では,アメリカの1品目,日本の23品目であって,確かに表面上の数字上においてわが国は市場開放していないことになるが,アメリカの場合には,GATTのウェーバー(自由化義務免除)に基づく農業調整法14品目の無制限の輸入制限が認可されているし,そのほか多国間繊維協定(MFA)により多品目の繊維に関して輸入制限などを行使し,実質的には輸入制限品目は多く,わが国とあまり変わらない〔この辺の実情については,大石敏朗「経済摩擦と社会摩擦」(横浜商大公開講座委員会編『激動の時代を生きる』南窓社　1991年)などが詳しい〕。といって,わが国がこの点について非難したところで,おそらく合法的手段によって輸入制限しているのであって,形式的にはアメリカの1品目に対して日本の23品目は,市場の閉鎖性を示していると反論するのであろう。これ以上の日米論争になれば,感情的摩擦の渦に巻き込まれ,へ理屈が横行することになりかねず,話がまとまることはまずありえない。確かに,アメリカの場合には合法的・形式論理の一貫性を重視し,それに対しわが国は相手を傷つけまいといった配慮から明言を避け,曖昧性が優先してしまいがちになる。逆に,アメリカにとっては日本の配慮を理解するどころか,日本の優柔不断の態度が不信を呼び,日本は市場開放していないと決めつけられ,他へ喧伝され,まさに「閉鎖的日本」もしくは「異質国日本」という定説が定着してしまうのである。

　これは,日米両国の意思決定構造に大きく影響を与える価値観,慣習などの相違による場合が多いからだと考えられる。アメリカ人は,徹底した論争に慣れてはいるが,日本人は概して不得手であり,時には議論の途中で黙ってしまう場合もある。だからといって,日本人は相手に対して,決して同意し黙認するのではない。アメリカ人にとっては,黙認してしまう日本人をみて,アメリ

カの論理が妥当しているのだと勘違いすることが多い。そして，結着したと思って帰国したアメリカ人は，日本側のその後の行動がアメリカが想定していたところとまったく反対であることが分かり，まったく理解ができない「異質国日本」となってしまう。

アメリカは，多数の異民族からなり，あらゆる価値観が共存しているから，アメリカ国家のもとで統制されているにせよ，すべての国民のあいだのコンフリクトの処理については，通常，法的手続きによって結着をつけるのを常とする。わが国よりは弁護士の数や，訴訟件数が多いのはそのせいである。わが国はアメリカと比べれば単一民族であり，意思の疎通も以心伝心によって相対的に理解しやすく，法的手続きに持ち込むのはまれであって話し合いによる，いわゆる根回し型結着の場合が多い。しかも，ことを荒立て処理すれば，集団的疎外を受ける社会構造が形成されている。

バブル経済当時の損失を補てんした最近の証券会社の不祥事は，いわゆる日本の社会構造のごく一部を露呈したものであって，当の損失補てんを受けたリストにあがった会社側の大部分は，「損失の補てんを認識していなかった」と語るように，おそらく社会的責任を感じているとはいいがたい。つまり，そこには日本的集団の価値論理が働き，公正な倫理観を打ち消してしまう。欧米の公平性の論理からすれば，なんと野蛮な倫理観のない「異質国日本」のイメージが募るばかりとなろう。しかしながら，このような集団的価値論理が，戦後の廃墟からはい上がり，経済面では驚異的業績を生むパワーとなったことも一概には否定できまい。といって，反省することもなくこのままの方向で日本企業が進むならば，海外から多くの非難を受け，摩擦問題はますます蓄積し日本の孤立化は避けられないであろう。では一体，わが国はこれらの問題に対していかに対応すべきなのであろうか。

この問題について考える場合，現代世界の流れは，経済的なものはもちろんではあるが，世界諸国がもつ価値というものが重視され始めてきたということに留意すべきである。米ソ緊張緩和をはじめとして，EC統合，北米自由貿易圏創設の動き，APEC閣僚会議，EAEG構想などは，世界体制の価値観に基づ

く地域主義が台頭してきたともまた考えられる。ソ連のペレストロイカ一つとっても，それは「ヨーロッパ共通の家」に戻ることであり，最近の米ソ，ヨーロッパの動きにしても，外在的な政治経済体制の違いがあれ，その背後には内在的な西欧的価値観が作用し，統合や連合が推進されているのではないか。他方で，EAEG構想は，アジア的価値観の発露ではないか，APECは，むしろ西欧とアジアの価値観を結びつけた中間的なものではないかと思うのである。このような世界体制の枠組み設定のなかで，通商摩擦問題は考え抜かねばならない。なぜならば，本来通商摩擦は「感情的摩擦」，「社会的摩擦」，「文化的摩擦」の部分が多いのであって，経済はもとより価値の問題を考慮しなければ，根源的な問題解決とはならないからである。つまり，経済におけるパイの配分は，人間のもつ主観的価値などと密接に連関しているのである。

　このような観点にたって，摩擦問題の対応策を考えるならば，まず日本企業の場合には，市場配分戦略，個人志向と集団志向の均衡化（従来の集団志向のなかで，より一層個人発想の許容度を高め，個と集団のいずれの極へも偏向しないこと），企業倫理の確立，西欧的感覚で日本的経営を表現できる人材の育成，外国の仲間たちとうまくやることなどは，月並みではあるが大切なことである。現時点での日本企業の人びとは，個人と会社において共生しており，それだけのゆとり感がないにせよ，無理すれば実現できないことでもなかろう。少しでも，ゆとりのある時間を過ごし自分の頭で考えることが，ひいては個人と企業の発展につながると思えばよい。

　次に，国家レベルで考えると，前に述べたとおり，具体的提言としては10年前ほどにすでに提起している。概論的にいえば，対外諸国に対しての経済援助や，技術移転問題の促進などの経済面も重要なことではあるものの，文化交流，外国人の労働問題，留学生制度の拡充，国内教育制度の改革などのとくに文化面における一層の努力を傾注してもらわなければなるまい。

　最後に，われわれ国民については，われわれひとりびとりが，帰属している社会的組織との関連もあるのだが，自己の考え方を権利と義務をよく認知しながら，主張するところは明言し，自己の生き方を従来の慣行的生き方のみに固

執させることなく，創造的自己実現をはかることであろう。それがまた，日本の集団的暴走を抑止する機能をもち，本書の第Ⅰ章第6節の(4)で述べたとおり，まさに個人志向と集団志向の均衡化をはかることにつながるのではないか。

以上の提言は，日本人の精神構造にかなったあまり無理のないものである。しかしながら，これだけの提言をもって対外摩擦問題を解決できるとはとうてい思われない。おそらく，日本人のもつ精神構造を変革しないかぎり，無理な問題なのかもしれない。これは，ひとえに次の世代を担う，とりわけ若い人たちの問題と関連しており，従来の伝統は伝統としてそれを遺産としながらも，自己の経験と考え方のなかで模索しなければならないことがより大切なはずである。なぜなら，そうすることによって社会的組織の前進的な進歩があると考えられるからである。

3　外為法
(1) 外為法の背景

「外国為替及び外国貿易管理法」（外為法）（昭和24年12月1日　法律第228号）は，「対外取引の正常な発展を期し，もって国際収支の均衡及び通貨の安定を図るとともに我が国経済の健全な発展に寄与する」ことを目的として掲げ，それを達成するために，「対外取引が自由に行われる」ことを原則とし，そのために「必要最小限の管理または調整を行う」ことを旨とする，と同法第1条で規定している。

外為法は，対外取引，およびそれに基づく資金のフローをわが国政府が，管理もしくは調整を行うために制定されたのである。この外為法の沿革をみれば，表2.3のとおり，昭和7年（1932）の「資本逃避防止法」の施行による為替管理に始まった。同法は，1930年代の世界経済の恐慌時代に各国が金本位制を離脱し，それにより為替相場の不安定などを回避するために為替管理の実施や，昭和6年（1931）の金輸出の再禁止後の資本逃避を防止することなどの理由によって制定された。しかしながら，これは十分な目的を達成しえなかったた

表2.3 わが国の為替管理政策の変遷

為替管理	金・レート
	開国 — 金・銀現物決済
	明 4. — 円制定，貿易銀（1円銀貨制定）
	13. 2 — 横浜正金設立
	30. 10 — 貨幣法（金本位制）制定 100円＝49ドル845
	大 6 — 金輸出禁止令（金本位制停止）
	昭 5. 1 — 金輸出解禁（金本位制復帰）
	6. 12 — 金輸出再禁止（金本位制停止），兌換停止
昭 7. 7 — 資本逃避防止法制定	7. 3 — 金地金の時価買上げ
8. 3 — 外国為替管理法制定	8. 1 — 100円＝84ドル321に変更
11. 11 — 外国為替管理法改正	9. 4 — 日本銀行金買入法制定
12. 1 — 輸入為替許可制に移行	12. 8 — 金準備評価制定 金資金特別会計法制定 産金法制定
	14. 10 — 100円＝23ドル7/16に変更 （20年8月まで不変）
16. 4 — 外国為替管理法全面改正 （統制の開始） 戦時貿易体制	
20. 8 — GHQの全面管理	20. 10 — 金を含む対外支払手段の輸出入禁止
22. — 民間貿易の一部再開	
24. 12 — 外国為替及び外国貿易管理法，輸出令，輸入令制定	24. 12 — 1ドル＝360円（ドル・リンク）
25. 6 — 外為令制定	
27. 8 — （IMF，世銀加盟）	
	36. 10 — （金プール発足）
	38. 4 — 為替変動幅0.5%～0.75% 為替平衡操作導入
39. 4 — （IMF八条国，OECD加盟） 為替の自由化促進	
	42. 11 — （ゴールドラッシュ第1波，第2波）
	43. 1 — 金買上停止 3月，二重価格制 ゴールドラッシュ第3波
46. 8 — 外貨流入抑制，流出促進策	46. 8 — フロート
47.	46. 12 — 1ドル＝308円
48. 11 — 外貨流入抑制，流出促進策の修正	48. 2 — フロート
	48. 4 — 金の輸入自由化
	50. 8 — 金のアウトサイドアレンジメント締結
52. 6 — 為替管理の自由化及び簡素化	53. 2 — 金のアウトサイドアレンジメント失効
53. 4 — 為替管理の自由化及び簡素化	53. 4 — 金の輸出自由化 IMF第2次改正協定発効
54. 12 — 外為法の一部改正法の可決成立	
55. 12 — 同法の施行	

出所：千野忠男監修・藤川鉄馬編『最新外為法の実務』大蔵省財務協会 1990年 24ページ。

めに，同法は廃止され，そのかわりに昭和8年（1933）の「外国為替管理法」の制定・実施に基づいて従来の資本取引，およびほぼ全面的な経常取引までにその規制が拡大された。その後，同法改正が数次にわたって行われ，戦時体制に入った昭和16年（1941）に全面改正が施行された。戦争が進むにつれて，対外取引の基軸が従来の為替管理面より物資統制面に移行し，昭和17年（1942）の「貿易為替管理規則」の制定に至った。同規則によって，貨物の輸出入にかかわる為替管理の事務については，大蔵省から商工省（現行の通産省）に移管され，現在における貿易管理は通産省，為替管理は大蔵省といったような大方の役割分担のベースがこの当時に築かれた。

終戦直後における対外取引と外貨資産は，連合軍最高司令官の監視のもとにおかれ，対外取引は原則的に禁止された。昭和21年（1946）に輸出入取引は国営となり，民間貿易は許可を受けたときにのみ行われた。昭和22年（1947）に制限付き民間貿易が再開され，昭和24年（1949）に民間貿易の輸出が全面的に開放され，同年12月に外為法が制定され，翌年の昭和25年（1950）に輸入の全面開放となり，同年に外為法の特別法として「外資に関する法律」（外資法）が制定され，戦後の為替管理制度が完成したのである。

以下の外為法に関しては，昭和24年に制定されたものを便宜上「旧外為法」といい，昭和54年に大幅改正された外為法を「新外為法」と呼ぶ。その後の外為法の改正については，年月をつける。その法概要は，次のとおりである。

(2) 旧外為法

旧外為法は，当時のわが国の経済状況からいって，対外取引の「原則禁止・例外自由」の原則を根底においた。すなわち，対外取引の禁止を基本としながらも，その禁止や制限を許可・承認等，および政省令によって解除する仕組みをとった。しかも，同法第2条で「この法律及びこの法律に基づく命令の規定は，これらの規定による制限を，その必要の減少に伴い逐次緩和又は廃止する目的をもって再検討するものとする」と規定しているように，対外取引は，本来自由であるべきであって，その制限の必要が少なくなれば緩和もしくは廃止するといった恒久的な立法でないことを明らかにしていた。旧外為法は，戦前

の外国為替管理と外国貿易管理の規定が別べつであったものを一体化し，両者の管理に関する規定を総合的に一つの法体系にまとめたものであった。しかし，対外取引の外資法の適用を受ける部分は含んでいなかったので，すべての意味での総合性には欠落があった。

上記のように本法は「原則禁止」としながらも，その後のわが国の経済は発展し，その情勢の変化に伴って内外の批判が高まり，わが国政府は為替管理の緩和をはかるために政省令を改正し対応した。昭和35年(1960)には，非居住者自由円勘定制度を設定し，さらにわが国は為替・貿易の自由化を迫られ，昭和39年(1964)にはわが国のIMF八条国への移行，およびOECDへの加盟によって経常取引や資本取引の大幅な自由化を余儀なくされた。その後においても，対内外の直接投資にかかわる資本取引の自由化，ならびに技術導入の自由化を促進した。他方で，外資法については，認可事務の日本銀行への委任もしくは自動認可に切り替えることによって，実質的に自由化を進めた。

しかしながら，本法は「原則禁止」を根拠とするので，諸外国からのその厳重性に対するなどの批判，国内ではそれがわが国の開放経済体制に適しないといった批判，政省令の頻繁な改正によりその複雑で分かりにくいといったような批判などが持ち上がり，本法の見直しの気運が高まったのである。このような経緯を経て，当時の福田総理は，昭和53年(1978)に本法を見直し原則自由に改正するといった方針を明らかにし，また当時はわが国の対外通商摩擦が激化したことも重なって，翌年の54年(1979)に福田内閣は，「外国為替及び外国貿易管理法の一部を改正する法律案」を策定し，同改正法案を国会に提出した。同年の12月18日に「原則自由」を基本とする同改正法が公布され，昭和55年(1980)12月1日から新しい外為法(新外為法)は施行されるに至った。同時に，外資法は外為法の改正によって新外為法に吸収され，廃止され，対外取引の法体系が内実ともに外為法に一本化された。

(3) **新外為法**

新外為法は，対外取引の「原則自由・有事規制」を建て前とするように改正された。すなわち，原則自由としながらも，わが国の国際収支の均衡が困難に

なること，本邦通貨の外国為替相場に急激な変動をもたらすことになることなどによって本法の目的を遂行するうえで支障をきたし，必要やむを得ないような事態の有事が起こった場合には，対外取引の強い規制ができる旨とした。本法第1条では，「対外取引の正常な発展を期し，もって国際収支の均衡及び通貨の安定を図るとともに我が国経済の健全な発展に寄与すること」を目的として掲げ，「対外取引が自由に行われること」を原則とし，そのために「対外取引に対し必要最小限の管理又は調整を行うこと」と規定した。

新外為法では，資本取引，対内直接投資，外国貿易などの対外取引を個別的に分類し，だれが各取引や行為に対しどのような規制を行使しうるかを定め，さらに外国為替公認銀行の義務や機能等，法の目的・適用範囲・定義等の総則，新たに設置された「外国為替等審議会」，罰則等に関する規定が設けられている。旧外為法の改正に伴い，政省令，告示等も大幅に整理され，簡素化された。

(4) 改正外為法「外国為替及び外国貿易法」

上記の新外為法は原則自由にもかかわらず，債権・債務を相殺するなどの「特殊決済」の許可，「資本取引」にかかわる許可または事前の届出，役務取引や対内直接投資等に関する規制措置などを少なからず残存させた。さらに，現実の国際取引の実態と本法の内容に齟齬をきたし，これでは日本は国際金融面で世界の孤島になりかねないと，改正外為法が1997年5月23日に改正され，98年4月1日から施行されている。

改正外為法では旧来の「外国為替及び外国貿易管理法」の「管理」が除かれ，「外国為替及び外国貿易法」と呼ばれるようになった。いわば，旧来の外為法「許可・事前届出」から「事後報告」となり，原則的に自由を目指すものであるが，依然として「有事規制」が残っているので，事後手続き等が重荷になる場合，改正外為法の効果が半減されてしまう可能性もある。

(5) 改正外為法に伴う貿易手続きおよび制度面等の変更

i 貿易手続きの簡素化

表2.4の1998年1月6日付『通産省公報』に示されている手続きが，簡素化されるようになった。

第Ⅱ章　貿易管理制度　71

表2.4　貿易手続きの簡素化

> 　通商産業省は，平成10年4月1日の改正外為法及び改正政令の施行にあわせ，以下の貿易手続の簡素化を実施する。
>
> (1)　輸出入報告書の廃止
> ・これまで，輸出に関し，提出が義務付けられてきた「輸出報告書」「輸入報告書」を平成10年3月31日限りで廃止する。
>
> (2)　貿易関係貿易外支払等報告書の廃止
> ・これまで，貿易関係貿易外取引等の送受金（仲介貿易貨物代金の決算等）に関し，提出が義務付けられていた「貿易関係貿易外支払等報告書」を平成10年3月31日限りで廃止する。
>
> (3)　承認等前決済禁止の解除
> ・これまで，許可又は承認を受ける義務が課されている貨物の輸出入に関し，許可又は承認を受ける前の決済（いわゆる前受け・前払い）は，一律禁止されていたが，平成10年3月31日限りで，経済制裁の場合を除き，禁止を解除する。
> ・これにより，現行では「イラクを原産地又は船積地域とする貨物の輸入」以外の輸出入については，許可又は承認を受ける義務が課されている場合であっても，許可又は承認を受ける前の当該貨物代金の前受け・前払いが可能となる。
>
> (4)　鉱業権の移転に係る規則の廃止
> ・これまで，現行外為法第25条第3項の規定に基づき，許可を受ける義務が課されている鉱業権に係る取引に関し，平成10年3月31日限りで，許可制を廃止する。

『通産省公報』1998年1月6日
＊このほか，特殊決済の廃止，居住者間の外貨建決済，海外預金口座の自由化などがあげられる。

① 　輸出入報告書の廃止

「輸出報告書／輸入報告書の廃止」は，輸出入業者にとっては手続きの煩雑性を軽減するものといえる。たとえば，輸出報告書は1980年に外為法改正・施行の前では「輸出申告書」と呼ばれ，銀行の認証を受けてから申告しなければならなかったが，同改正により特別な場合を除いて認証が不要となり，さらに今回の改正外為法のもとでは，輸出報告書の制度自体が廃止された。輸入報告書は為替銀行を通じて決済などをする場合に提出しなければならなかったが，今回の措置で不要となった。

② 　貿易関係貿易外支払等報告書の廃止

輸出入以外の取引（運賃等，代理店手数料等，アフターサービス料，貸付金

等，保証金等，鉱業権等，仲介貿易貨物代金の決済など）にかかわる500万円相当額を超える受取り，支払いについては，従来，通産省と大蔵省に為銀を通じて報告書を提出しなければならなかったが，通産省に対しての報告が廃止され，大蔵省に対してのみとなった。

　ⅱ　制度面等の変更
　①　為銀主義・両替商・指定証券会社制度の廃止
　従来の外為法第2章（「外国為替公認銀行及び両替商」）では，外国為替業務を営もうとする銀行や，両替業務を営もうとする者は，各々大蔵大臣の認可を受けなければならなかったが，「為銀主義」と両替商の認可制度が，改正外為法により廃止された。したがって，同法第2章の第10条〜第15条は削除された。従来の外為法第4章（「資本取引等」）第22条で規定していた，大蔵大臣の指定を受けた「指定証券会社」制度も廃止された。

　②　外国為替持高規制の廃止
　従来の外為法第2章第11条の2では，外為銀行は直物取引と先物取引を総合した「直先総合持高」を営業終了時点で一定の範囲内に納める義務を課せられることが規定されていたが，改正外為法により廃止された。

　③　特殊決済制度の廃止
　勘定の貸記または借記による方法，延払，相殺，ため払・ため受等の特殊決済は，従来許可制度であったが，改正外為法により自由化された。特殊決済制度の自由化により，ネッティングやマルチネッティングの新しい決済方法が可能となった。したがって，従来の外為法の第17条の「対外取引の支払方法」は削除された。

　④　海外預金口座の開設自由化
　改正外為法により資本取引も大幅に自由化され，海外預金は口座開設や個々の入出金について許可は不要となった。たとえば，アメリカのA社から製品を輸入し，B社へ製品を輸出する場合，その代金決済についてそのつど日米間で行うのではなく，アメリカの銀行に預金口座を開設し，この口座を通じて資金の授受のやり取りを行えば手数料等の節減につながる。

これは，従来の外為法の第20条の居住者と非居住者の預金契約，金銭貸借契約・債務保証契約などが，許可制度から事後報告（改正外為法第55条）に変更したことによる。

⑤ 居住者間の外貨建て決済

従来の外為法第20条における居住者間での外貨建て決済については，許可制度を設けていたが，自由化されて国内での外貨支払などが行えるようになった。これにより，外貨の円転の必要性が少なくなり，両替手数料などの節減ともなる。同法同条で「金融指標等先物取引」（デリバティブ，金融派生商品）について規制していたが，デリバティブ取引について国内での外貨建て取引や海外の金融機関等との取引が可能となった。

⑥ 電子マネー

改正外為法第1章（「総則」）第6章で電子マネーが，「支払手段」として位置づけられた。電子マネーの販売や購入が資本取引に相当し，同法に基づき事後報告を求められる可能性が強くなり，日本の消費者の電子マネーの利用などを妨げる不安も残る。

⑦ 海外送金等の場合の手続き

●500万円相当額を超える「支払等報告書」

貿易外の取引で海外への支払いまたは海外からの受取りで，標記相当額を超える場合，銀行経由と経由しないとき，取引ごとに提出する個別方式および1ヵ月取りまとめ分を提出する。銀行経由の取引では銀行経由で，銀行外の取引では日本銀行経由で，それぞれ大蔵大臣に事後報告する。

●200万円相当額を超える「国外送金等による調書」

標記相当額を超える海外向け仕向送金または海外からの被仕向送金，クリーンビル買取・取立を行った銀行は，顧客の氏名・住所等を記入した「国外送金等による調書」を税務署に提出する。銀行経由でない場合，本人は告知書を銀行宛に提出する義務を負う。

⑧ 対外直接投資の事前届出制の廃止

従来の外為法（第22条）下では，大蔵大臣に対して対外直接投資の事前の届出

を要したが,改正外為法(第23条)では自由にできるようになった。ただし,事後報告を必要とする。旧法では,直接投資届出受理の日から20日間は,その実行ができなかった。

⑨ 東京オフショア市場

旧来,非居住者発行証券への運用がオファショア勘定市場で行えなかったのだが,認められるようになった。

(6) 外為法と関連法規

現在の外為法の関連法規は,図2.1のとおりである。政令は,外国為替令,対内直接投資等に関する政令,輸出貿易管理令,輸入貿易管理令が主なものであり,輸出貿易管理規則,輸入管理規則などの省令がある。

外為法を基本とし,その政省令の運用の仕組みとしては,たとえば本法の第48条,第67条等に基づき,輸出貿易管理令で輸出の許可・承認の対象となる特定の種類となる貨物,もしくはこれに該当する貨物等を規定し,輸出貿易管理

```
外国為替及び外国貿易法
├─ 外国為替令
│   ├─ 外国為替法の解釈及び運用について
│   ├─ 外国為替に関する省令
│   └─ 外国為替の取引などの報告に関する省令
├─ 対内直接投資等に関する政令
├─ 輸出貿易管理令
│   ├─ 輸出貿易管理令の運用について
│   └─ 輸出貿易管理規則
└─ 輸入貿易管理令
    ├─ 輸入貿易管理令の運用について
    └─ 輸入貿易管理規則
```

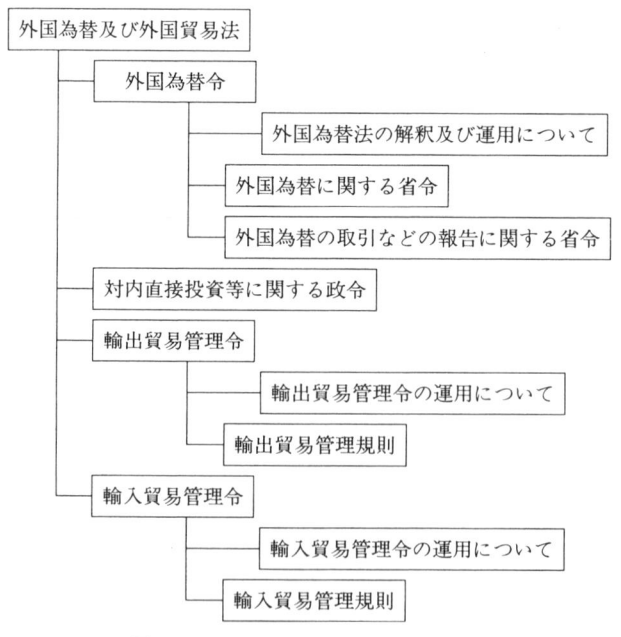

図2.1 改正外為法下における主要関連法規

規則ではその許可・承認の申請の手続き方法等について定めている。なお，本法のほかに為替貿易管理と関連する現行の法律，その周辺領域を規制する政省令は図2.1のとおりである。

このうちでも，日本の経済発展の情勢の変化に従って，輸出保険法（昭和25年3月31日　法律67号，現行の貿易保険法），関税法（昭和29年4月2日　法律第61号）などがつぎつぎに制定・施行された。

これらのなかで，民間保険会社では抗しきれないような対外取引のリスクをてん補する日本の貿易政策上の一環としての貿易保険法にかかわる貿易保険制度については，次節で述べる。

通関法規としては，関税法，関税定率法，関税暫定措置法などがある。

貿易関連法規としては，植物防疫法，家畜伝染病予防法などの保護衛生関係，鉄砲刀剣類所持等取締法などの保安関係，その他文化財および自然保護関係，産業関係などに関連する法律がある。

4　貿易保険制度
(1) 貿易保険制度の背景

貿易取引は，国内取引と比較して多くのリスク（危険）を伴うことはいうまでもない。しかしその場合，貿易取引の当事者だけではとうてい背負いきれないリスクの種類がある。このようなリスクをカバーするために，たとえば貿易取引で一般的にもっとも今日知られているのは，貨物の輸送中に本船の沈没や火災などの海難にあい，その危険から生じた貨物の損害をてん補する「海上保険」である。海上保険は，古い歴史を有し，今日の保険約款と本質的に変わらない保険証券がすでに，イギリスのLloyd's保険が誕生する前の17世紀前半に存在していた。

この海上保険は，貿易取引における貨物の運送，もしくは受渡しにかかわる物的損害の保護を制度化したものであり，貿易保険はもともとは代金決済の信用問題から派生したものであった。たとえば，貿易取引において売り手が商品

を買い手に引渡し，買い手はその代金決済の義務をすみやかに履行すれば，なんら問題はないのであるが，現実では信用関係上の不安が常につきまとう場合が多い。このような売り手・買い手間の信用関係に伴うリスクから生じる損害をてん補する輸出信用保険制度，ないし輸出信用保証制度として，貿易史上初めて登場するのは第一次大戦以降のことであった。

　早くから輸出信用保険制度の発展をみたのは，ヨーロッパ諸国であり，とくにドイツではその萌芽は19世紀後半に銀行業者が行ったいわゆるデル・クレデ(Del Credere)に始まった。その後，第一次大戦以後の国策としてドイツ連邦政府は，ヘルメス信用保険会社とフランクフルター一般保険会社と協同して信用保険制度を設定した。イギリスにおいては，ドイツよりも遅れて20世紀以前に銀行業者などによって輸出信用業務が試みられてはいたが，成功することはなかった。1920年にイギリス政府は，海外貿易法に基づく輸出資金前貸制度を定め，さらに翌年の21年に同法を改正し，海外貿易信用保険法を制定し，輸出手形の保証を実施する第一次輸出信用保証制度を設けた。しかし，同制度は，一般的普及に広まらずに，本格的に制度として日の目をみるのは，現行の輸出保証法の基本となった第二次輸出信用保証制度まで待たねばならなかった。アメリカの輸出信用保険制度は，欧州諸国の国家制度によるよりはむしろ団体企業と関連して，その発展がみられた。たとえば，21年にイリノイ州製造業組合が設立した輸出信用保険事業が，それであった。

　日本において輸出信用保険制度として発展するのは，第二次大戦以降のことであった。もちろん，戦前においても，ヨーロッパ諸国の制度を参考にしとり入れた「輸出補償制度」および「輸出前貸補償制度」が存在した。前者の輸出補償制度は，昭和5年(1930)に輸出補償法が制定・施行され，主に輸出者が振り出した荷為替手形などから生じる損失を担保するものであった。後者の輸出前貸補償制度は，主に「輸出資金及び輸出品製造資金融通損失補償法」が昭和15年(1940)に制定・施行され，それに基づいて輸出者が商品調達のために要した資金の危険を担保する制度が設定された。戦後は，1949年に通商産業省が発足すると同時に，戦前の輸出前貸補償制度と同じくする「輸出金融補償法案」

が立案されたが，不適切とされ廃棄された。翌年の1950年に「輸出信用保険法」が公布・施行され，1953年に同法は一部改正され，その名称は「輸出保険法」に改称された。その後，日本の貿易収支は大幅な黒字となり，内外の経済環境の変化が生じ，それに対応するために1987年に「前払輸入保険」と「仲介貿易保険」を創設し，輸出保険法を改正しその名称も現行の「貿易保険法」に改められた。

(2) 現行の貿易保険制度

自国の貿易業者に対して国家が補償するといった貿易政策手段の措置を講じたのは，貿易立国のイギリスが世界に先駆け補償制度を進展させた。日本もかなり早くから，補償制度を実施した。現行の貿易保険法（昭和25年3月31日法律第67号）第1条に「この法律は，外国貿易その他の対外取引において生ずる為替取引の制限その他通常の保険によって救済することができない危険を保険する制度を確立することによって，外国貿易その他の対外取引の健全な発達を図ることを目的とする」と明記されているとおり，日本の貿易保険制度は，民間の保険ではカバーできないような危険を担保する制度を確立し，外国貿易その他の対外取引の健全な発達をはかることを意図としている。

このように貿易保険の役割は，日本の貿易政策の目的に従うことにあり，しかも今日では世界の累積債務問題に対応し，とくに開発途上国に対し民間資金の還流を促進することをもまた目的としている。そのほか，貿易保険は，貿易業者の安心の供与や，信用手段の供与の役割を果たしている。貿易保険が最初に実施された当時の1950年では，普通輸出保険の一種類しかなかったのが，現在運営されている保険は，次のとおりである。

i 貿易一般保険

貿易保険法に規定されている普通輸出保険・輸出代金保険・仲介貿易保険種を一つの約款としてとりまとめたものである。輸出契約した貨物，技術提供に対する対価，輸出代金貸付金が，相手国の非常危険（戦争，革命，為替制限等）や信用危険（相手先の破産など）により受ける損失をてん補する。非常危険により輸出契約を履行する場合，運賃・保険料を新たに負担する増加費用につい

てもカバーする。また，仲介貿易に基づく貨物代金，賃貸料，貸付金が回収不能になった場合の損失をてん補する。普通輸出保険は1950年，輸出代金保険は1951年，仲介貿易保険は1987年からそれぞれ実施され，現在では運用上一つの約款の「貿易一般保険」として統合されている。

　ii　輸出手形保険

輸出者が，とくにD/P，D/Aなどの荷為替手形に基づいて貨物を輸出した場合に，その輸出者を振出人としての手形を買取った外国為替公認銀行（被保険者）が，その手形の不渡りにより受けた損失をてん補する。1953年8月から実施されている。詳細は，本書の第Ⅴ章第4節の(2)で述べる。

　iii　海外投資保険

海外投資者が，海外合弁企業などに対する出資用資金の長期貸付金債権や，鉱物・木材などの開発輸入にかかわる長期貸付金債権などを海外投資した場合に，非常危険ないし信用危険によって受けた損失をてん補する。1956年4月から実施されている。

　iv　為替変動保険

プラントなどの輸出や技術提供などに基づく契約で，決済期間が保険の申込み日から2年を超えるもの（15年以下）で各決済日と契約日における為替換算率が，3％以上の円高により受けた輸出者の損失をてん補する。1974年11月から実施されている。

　v　輸出保証保険

輸出者などによるプラント輸出や技術提供のさいに，第三者の銀行や損害保険会社が，通常，保証書（ボンド，Bond）を発行する。そのボンドが海外の発注者から不当に没収された場合に，第三者の受けた損失をてん補する。1977年から実施されている。

　vi　前払輸入保険

輸入者が輸入貨物代金などの全部または一部を前払いする輸入取引で，その前払金が非常危険もしくは信用危険により回収不能になった場合に受けた損失をてん補する。1987年10月から実施されている。

vii 海外事業資金貸付保険

海外事業資金貸付にかかわる貸付金などまたは保証債務が非常危険ないし信用危険により回収不能になった場合に受けた損失をてん補する。1993年度から実施されている。

第 2 編　ミクロ編

第Ⅲ章　貿易取引契約と取引条件

1　貿易取引契約とはなにか

　貿易取引の現実にあまりにも慣れすぎてくると，貿易業者は案外に，法的な意味での貿易取引契約をないがしろにする場合が多い。たとえば，貿易クレームが起きたときに，はじめて貿易取引契約書を点検し，法律の重みを知ることがあるし，L/C さえ入手すれば契約書などは不要とし，契約書がないばかりに相手側が明らかに不当であると知りつつも，クレームがつけられないことは多々ある。少なくとも常識的な取引契約の基本的意味を認識しておく必要があり，要は貿易契約は，当事者間の申込みと承諾の合致により成立するのである。

　貿易取引契約（Agreement to Sell）は，通常，将来における条件つきの履行を約する契約であり，その契約成立後，売主も買主も数多くの契約条件を履行しなければならない。店頭取引のように商品と現金を同時に交換する既履行契約というよりは，未履行契約の場合が多い。つまり，取引契約は，将来の時期に売主が物品所有権の移転を行うならば，買主がその物品給付の対価である通貨の反対給付を約する有償・双務交換であって，売買という法的形式をもって実現されるのである。無償交換の賠償は，貿易取引契約ではないし，有償交換といっても，通貨を介せずにバーター貿易によることがある。これは，代金支払の義務を物品をもって相殺し，正貨の国際移動を省略したのであって，本質的には貿易取引契約といえる。売主が貿易取引条件の申込みを行い，買主がその取引条件について絶対的に，かつ無条件に承諾して，成立する両者の合意に基づく諾成契約でもまたある。

　すなわち，契約の本質的要素は，合意と義務にあり，換言すれば，契約とは約束（promise）がなされるべき相手方によって承諾された約束であり，法が強

制する種類の約束ということになる（詳細は，北脇敏一編『契約法(1)講義録』日本大学法学部　1988年など）。

2　取引条件の法的・商的な意義

貿易取引条件は，品質・価格・数量・受渡し・決済条件などからなり，貿易取引契約の基本的構成要素として，すでに述べたとおり，戦前から貿易実務の分野で論議の的となってきた。従来は，取引条件要素については物品所有権の移転を中心的な課題とする，商的・法的指向の統合的な考察によるものが多かったと考えられるが，戦後では，各取引条件要素が個別的に細分化されたようだ。他方で，とくにアメリカのミクロ・マーケティングの導入によって，取引条件とマーケティング・ミックス要素を対置する見解も現われたことは，前に述べたとおりである。さらに，それを発展させ，本書の第Ⅰ章第5節の(2)で，日本企業の「弾力的貿易経営戦略モデル」として一つの考え方を試みたわけである。取引条件が法的解釈によるものから，マーケティングの戦略要素として拡大解釈されるようになったにせよ，いまだなお十分な論議を尽くしたとはいいにくい。

しかし，少なくとも取引条件の法的考察は，健全な貿易取引の維持と安定の効果（**法的効果**），商的考察はその発展の効果（**商的効果**）に意義があると考えられる。つまり，法的効果と商的効果をもって貿易取引における**経済的効果**を高めうると推察される。したがって，今日でもなお両者についての考究は，貿易取引の基本とし，大きな意義を有しているといえよう。

3　一般的取引条件

(1)　**一般的取引条件と個別的取引条件の違い**

すでに述べたとおり，貿易実務界では取引条件が慣行的に標準化されて，表3.1のように，貿易取引契約書の裏面約款の「一般的取引条件（General Terms

表3.1 一般的取引条件協定書

GENERAL TERMS AND CONDITIONS

1. Seller shall not be liable for failure to perform its part of this contract when such failure is due to fire, flood, strikes, labour troubles or other industrial disturbances, inevitable accidents, war (declared or undeclared), embargoes, blockades, legal restrictions, riots, insurrections, unavailability of transportation or loading facilities, wrecks, delays or damages in transportation, or any other causes of a nature beyond Seller's control. In such event, Seller may, at its option, perform the contract or the unfulfilled portion thereof within a reasonable time from the removal of the cause preventing or delaying performance, or rescind unconditionally and without liability this contract or the unfulfilled portion thereof.

2. Within 30 days from this date, unless otherwise stipulated on the face hereof, Buyer shall establish in favour of Seller an irrevocable and confirmed letter of credit negotiable on sight draft with a prime bank satisfactory to Seller, with validity of at least 20 days after the last day of the month of shipment for negotiation of the relevant draft, which letter of credit shall be in form and upon terms satisfactory to Seller. If Buyer fails to provide such letter of credit, Seller shall have the option of reselling the contracted goods for Buyer's account, holding the goods for Buyer's account and risk, and/or cancelling the contract and claiming damages caused by Buyer's default.

3. Quantity shall be subject to a variation of 5 percent plus or minus from the contracted quantity at Seller's option, unless otherwise stipulated on the face hereof in writing by Seller.

4. Date of bill of lading shall be accepted as conclusive of the date of shipment. Partial shipment and/or transhipment shall be permitted. Shipment within the time stipulated shall be subject to vessel being available.
   In case of F.O.B. sales, Buyer is bound to give shipping instructions in time and provide necessary shipping space; otherwise, Seller can dispose of the merchandise for Buyer's account and risk.

5. In case of C.I.F. or C.&I. basis, 110% of the invoice amount will be insured, unless otherwise agreed. Any additional premium for insurance coverage over 110% of the invoice amount, if so required, shall be borne by Buyer and shall be added to the invoice amount, for which the letter of credit shall stipulate accordingly.

6. Any charges for consular invoice, if required, shall be for account of Buyer.

7. If Seller's costs of performance are increased after the date of this agreement by reason of increased freight rates, taxes or other governmental charges, and insurance rates including war risk, or if any variation in rates of exchange increases Seller's costs or reduces Seller's return, Buyer agrees to compensate Seller for such increased costs or loss of income.
   Any extra charges such as storage fees, transportation charges, interest for the delayed reimbursement, etc. which are accrued from the non-compliance with the contract by Buyer shall also be borne by Buyer.

8. Buyer must give Seller notice of any claim by cable or telex within 10 days after arrival of the goods at the destination specified in the bills of lading, with full particulars of such claims to be made in writing and to be received by Seller within 30 days of the date of arrival. Unless such notice, accompanied by proof certified by an authorized surveyor, shall arrive at Seller's office during such 30 day period, Buyer will be deemed to have waived any claim.

9. This contract shall be governed by and construed in accordance with the laws of Japan.

10. Any dispute or difference arising out of or relating to this contract, or the breach hereof which cannot be settled amicably without undue delay by the interested parties shall be arbitrated in Tokyo Japan, under the laws of Japan and in accordance with the rules of procedure of the Japan Commercial Arbitration Association.
    The award shall be final and binding upon both parties.

11. Notwithstanding any of the provisions of this or any other contract between Buyer and Seller, in the event that Buyer fails to make any payment in full for any shipment as and when due and payable under this contract or fails to carry out any of the other terms of this or any other contract with Seller, or in the event of the death of Buyer or if proceedings in bankruptcy or insolvency are instituted by or against Buyer, or a receiver is appointed for Buyer or in case of liquidation or dissolution of Buyer, any and all instalment or otherwise postponed or deferred payments, including interest thereon, for shipments already made shall immediately become due and payable and Seller shall have the right to postpone the performance by Seller of this and any other contract with Buyer, and to offset any debts payable to Buyer by credits receivable from Buyer.
    Exercise of any of such right or rights shall be without prejudice to Seller's rights to recover damages or loss resulting from any default by Buyer.

12. Buyer shall indemnify and hold Seller harmless from liability for any infringement with regard to patent, trade mark, copyright, design, pattern, construction, stamp, etc., originated or chosen by Buyer.

13. Except for damages for which Buyer is responsible, Seller is liable for damage to the goods incurred before delivery as specified on the face hereof, such as destruction of the goods, breakage, loss in quantity or a material change in quality. Buyer is liable for all such damage to the goods incurred after delivery.

14. Title in the goods shall transfer from Seller to Buyer upon delivery in accordance with the terms of delivery as specified on the face hereof.

15. Acceptance of this contract by the Buyer is in accordance with the exact terms of sale set forth herein and such terms shall not be modified without the express written consent of the Seller.

and Conditions）協定書」として，通常はその意味を十分に理解せずに，印刷されていることが一般的である。まず最初に，貿易取引を開始するさいに，売り手・買い手間においてこの一般的取引条件の打ち合わせが必要となる。取引条件は，将来において両者が取引関係を確立した場合に，持続的な取引を維持していくうえでの骨組みになる。

たとえば，商品の品質条件，価格条件，決済条件，受渡し条件，アフターサービスや予備部品の供給問題，検品の問題などについて基本的に取り決めておくのが得策である。しかし，最初の取引契約が成立し，個別契約が反復されているあいだに，取り決めた基本条件のほかに新たな問題が生じることがある。その場合，一般的取引条件に対して新しい追加条項が加わることになる。すなわち，**一般的取引条件**と**個別的取引条件**の区別を明確に認識しておく必要がある。このようなケースでは，一般的取引条件のほかに，新たに生じた取引条件を個別契約書に規定し，明記しておけばよい。この新条件がなんども繰り返されれば，一般的取引条件に組み入れられる可能性がでてくる。**定型貿易条件**（Trade Terms）にしても，貿易業界で長いあいだその歴史過程で慣行化され，制度的に確立されたのである。円約款（Yen Clause）のように，固定為替相場制のもとでは取り上げられなかったことが，変動為替相場制に移行した段階で慣行化される場合がある。まず，取引の基本となる一般的取引条件の基本的な各要素についてみる。

(2) **一般的取引条件の基本的な構成要素**

一般的取引条件は，通常，品質，価格，数量，受渡し，決済の5大条件，ないし保険条件を加えた6大条件という。また，クレーム，アフターサービスなどをも入れた7大，8大条件ということもできる。本書では，保険条件は一応，受渡し条件のカテゴリーに含めるとして，5大条件を中心に述べる。

商的な見方からすれば，従来は品質・価格条件がとくに重視されてきたが，現在の急激な市場変化や，製品のライフサイクルの短縮化によって，製品の引渡し時期もまた貿易取引では，重きがおかれるようになってきた。さらに，昨今の米ドル対円高基調に伴って，とくに為替の問題にかかわる決済条件は，不

可欠な要素となってきている。このように取引条件を取引上の戦略的な意味からとらえると、品質・価格・受渡し・決済を4大条件とみなすことができる。ところが決済条件にせよ、いかなる通貨を使用して価格条件を有利にするかが課題となるから、結局は価格条件に昇華されるとも考えられる。しかし、各取引条件は現在の貿易取引においてともに不可欠であるから、甲乙の区別がつけがたいというのが現状のようである。一般的取引条件は、とくに伝統的な契約上の実務の観点から、個別にみると次のとおりである。

　i　**品質条件（Quality Terms）**
　　品質決定の方法と時期が実務上の焦点となる。**品質決定の方法**は、一般的には**見本売買**（Sale by Sample）、および見本によらない**説明売買**（Sale by Description）がある。さらに、後者の説明売買は、**銘柄売買**（Sale by Brand or Trademark）、**規格売買**（Sale by Grade）、**仕様書売買**（Sale by Specification）、**標準品売買**（Sale on Standard）に分かれる。

　見本売買は、通常、売り手が商品の見本を買い手に対し提出することによって、引き渡すべきその商品の品質を決定する。実務上、起こりうるケースは、最初に良質な見本を提示し取引契約が結ばれ、実際の積み荷はその見本より標準品質以下になる場合である。これは、明らかにクレームの対象となりうるし、時には刑事上の問題に進展しかねない。なぜならば、出荷する契約品の品質、機能、外観などは、提示見本のそれに合致させることが売り手の義務だからである。このような状況を回避するために、通常の貿易取引では、見本数を一個ではなく、生産見本（Production Sample）をできるだけ数多く買い手が約定品を船積みする前に、売り手に対して提出させること、もしくは取り決めた検査基準に基づいて、買い手ないしその代理人が貨物の船積み以前に検品を行うことが多い。

　説明売買のうちの**銘柄売買**は、買い手が一般市場においてよく知られている商品の商標や銘柄を売り手に特定することによって、取引を行うことである。厳密にいえば、たとえその商品の商標が知られていたとしても、時には見本売買によって行われることがありうる。たとえば、Sony Brandであっても新製品

のようなときには，国際市場にいまだ出現していないので，買い手は売り手に対して確認のためにサンプル，もしくはカタログや写真つきの説明書などを要求することが頻繁である。現在では，有名ブランドの模造品が出回っていることがあるから，見本が要求されるかもしれない。しかし，これらのケースは特殊であって，通常の銘柄売買では，商品の商標や，銘柄を指定して取引を行う。

　規格売買は，国際的に規格が規定され，慣行化されているような鉄やセメントなどの売買の場合である。**仕様書売買**は，大きなプレス機械のように，見本として自由な移動が難しく，相対的に高価な商品であって，仕様書，カタログ，写真，図面などに基づいて販売することである。**標準品売買**は，収穫予定の農産物などの実物見本が得られないときに，公共機関で選定された標準品によって取引契約が行われる場合である。標準品売買では，通常，平均中等品質(F.A.Q.：Fair Average Quality)，および適商品質（G.M.Q.：Good Merchantable Quality）の二つの品質決定条件がある。

　以上は，一般的な品質決定方法であり，これらは戦前はもとより現在においても慣行化された基本的な方法である。他方で，日本製品が国際市場を席巻し，その品質もまた認められ，しかも輸送機関，交通機関，コミュニケーション手段などが発達した今日では，世界の時空間差がいぜんよりは人為的に狭まり，その品質の決定方法が複合化・多様化されてきていることである。たとえば，日本からの輸出取引であれば，買い手が来日し，商品見本を手に取り，売り手の口頭による説明に基づいて商品を購入するようなケースである。このような取引のほうが，遠隔地間で売り手・買い手とのただ単にテレックスの交換によるよりは，大量の注文につながることが多い。

　仕様書売買にあっても，その商品が買い手国の市場のどこかに存在すれば，その場所に赴き実物を見て，買付けの意思決定を行うことができる。貿易取引においては，まず買い手が実物見本を見ることが，もっとも効果的であろう。おそらく将来，国際テレビ電話などが普及され，カタログや写真よりは見本の映像を即座に買い手に流し，取引交渉を進めるようなことが貿易取引では一般的になるのかもしれない。つまり，売り手が単にカタログを送付し説明するよ

りは，実物見本をもって，まず買い手の視聴覚に訴えるほうが，より一層有効であると考えられる。このような場合には，商品の種類，市場，売り手・買い手間における信頼感の程度，状況などによって大きく左右されよう。

品質の決定時期については，通常，商品の積地における積出品質条件(Shipped Quality Terms) と揚地での陸揚品質条件 (Landed Quality Terms) の二つの方法がある。この品質条件は，主に穀物取引を中心に発展してきたもので，積出品質条件であれば，売り手は契約で定められた第三者の権威ある検査機関の検査証明書をもって立証すれば，一応その品質に関する売り手の責任は解除される。陸揚品質条件では，揚地での品質査定をもって約定品の品質条件とし，買い手がクレームをつけるときには，第三者の鑑定報告書をもって立証しなければならない。

原則としては，FOB であれば積出品質条件，DEQ(埠頭持込み渡し)では陸揚品質条件となろうが，契約条件によってはいずれの品質条件をも選定することができる。しかし，今日の通常の貿易取引では，積出品質条件が一般的であり，そのほうが輸出取引における売り手にとっては有利である。

ii 価格条件 (Price Terms)

価格条件に関する取引の打ち合わせでは，**価格の建て方**，および日本円，US ドルなどといったいかなる国の通貨を，代金決済のために使用するかが問題の焦点となる。

まず，通常の貿易取引契約における**価格の建て方**は，FOB, CFR (C&F), CIF の三つが頻繁に使用されている定型貿易条件 (Trade Terms) といってさしつかえない。実務界では，永年にわたって広く一般に行われる取引慣習が受容されることが多い。定型貿易条件の統一規則にしても，このように簡略化された取引契約の定型的な形態として生成されてきたといえる。今日もっとも広く採用されている Trade Terms の解釈基準に関する統一規則は，国際商業会議所 (ICC) が，1936年に制定した**インコタームズ** (Incoterms, International Rules for the Interpretation of Trade Terms) である。その他の代表的な統一規則は，**改正アメリカ貿易定義** (Revised American Foreign Trade Definitions, 1941)，CIF

第III章　貿易取引契約と取引条件　89

についてのワルソー・オックスフォード規則（Warsaw-Oxford Rules, 1932）などがある。ただし，これらの統一規則は法律や条約ではなく，国際商慣習の解釈基準が統一化された国際ルールに過ぎないことである。また，Trade Terms を定型貿易条件としたが，イギリスやアメリカなどでは，国内取引においても使用されていることに留意すべきである。Incoterms の Trade Terms では，売り主・買い主の義務，費用・危険負担の分岐点などについて規程されている。インコタームズは，最初1936年に制定されたが，その後53年，67年，76年，80年，90年に改訂され，最近では2000年に改訂されている。なお，"Incoterms 2000 Edition, ICC Publication No.560"の条項に規定された Trade Terms は，次の13である。

① 工場渡し（指定場所）：**EXW**［Ex Works, named place］
② 船側渡し（指定船積港）：**FAS**［Free Alongside Ship, named port of shipment］
③ 本船渡し（指定船積港）：**FOB**［Free On Board, named port of shipment］
④ 運賃込み（指定仕向港）：**CFR**＝C&F［Cost and Freight, named port of destination］
⑤ 運賃・保険込み（指定仕向港）：**CIF**［Cost, Insurance and Freight, named port of destination］

上記の定型貿易条件は，いずれも伝統的な積地条件である。③FOB 条件の規定によれば，買い主自体が本船の手配を行い，原産地証明書，領事査証料などの費用負担をしなければならない。しかし，実際では買い主が船舶を指定しないかぎり，売り主自らが暗黙のうちに本船の手配を行うし，原産地証明書などの費用については価格にすでに織り込み済みの場合が一般的である。①EXW では，売り主に輸出通関の義務はないが，②FAS ではその義務を要する。FOB は，積出港の本船上で貨物を引き渡す価格条件であって，**現実的引渡し**（Physical Delivery）条件ともいわれる。④CFR（C&F），および⑤CIF は，貨物を本船上で引き渡すこと，ならびに貨物を化体する船荷証券などを引き渡すべき複合義務があり，船積書類を提供することを絶対としているので，**象徴的引渡し**

(Symbolic Delivery) 条件と呼ばれる。ただし，本質的に現実的引渡しの FOB 条件であっても，荷為替手形決済によるのであれば，売り主・買い主の特約的な合意により象徴的引渡しとなるが，その現物渡しの原則性を損なうものではない。

　CIF 売買における物品の所有権移転の時期については，論議の的というべきであり，いろいろな説がある。その一つの説は，象徴的引渡し条件の CIF の場合，積み地における本船に貨物を積み込んだ時点で，一応，外観的に所有権が移転し（荷為替手形決済によるから，売り主は B/L を保持し，貨物の処分権を留保する），その後売り主が船積書類を買い主に対し引き渡し，支払いなどのすべての条件が充足されたときに，完全にその貨物の所有権が移転するといった見解である。

　さらに，積地条件の Trade Terms には，ICC が1980年に採択した三つの条件がある。

⑥　運送人渡し（指定場所）：**FCA**［Free Carrier, named place］
⑦　輸送費込み（指定仕向場所）：**CPT**［Carriage Paid To, named place of destination］
⑧　輸送費保険料込み（指定仕向場所）：**CIP**［Carriage and Insurance Paid To, named place of destination］

輸送手段の日進月歩の発達によって実現された国際複合一貫運送の要求に応ずるために⑥，⑦，⑧は設けられ，おのおのは従来からの③ FOB，④ CFR，⑤ CIF にそれぞれ，ほぼ相当する。両グループの相違を物品の滅失ないし損傷の危険からみた場合，前者グループの⑥，⑦，⑧は，通常，貨物を運送人の管理下に引き渡される時点であり，後者の③，④，⑤グループは，いわゆる本船の船側欄干を通過したときである。ただし，現実では前者グループの条件は，運送人の指定するコンテナ・ヤード，もしくはコンテナ・フレート・ステーションに持ち込み，後者は本船の on board の状態に積み込むまでの範囲を，通常，意味する。なお，インコタームズの1980年（改訂版）における積地条件の鉄道渡し/貨車渡し（FOR/FOT），ならびに航空 FOB（FOB Airport）は，1990年の改訂版ですべて上記の⑥ FCA に吸収される形式をとった。

第III章 貿易取引契約と取引条件　91

表3.2 「インコタームズ」の類型化

Incoterms 2000		
Group E	Departure	
	EXW	Ex Works (...named place)
Group F	Main carriage unpaid	
	FCA	Free Carrier (...named place)
	FAS	Free Alongside Ship (...named port of shipment)
	FOB	Free On Board (...named port of shipment)
Group C	Main Carriage Paid	
	CFR	Cost and Freight (...named port of destination)
	CIF	Cost, Insurance and Freight (...named port of destination)
	CPT	Carriage Paid To (...named place of destination)
	CIP	Carriage and Insurance Paid To (...named place of destination)
Group D	Arrival	
	DAF	Delivered At Frontier (...named place)
	DES	Delivered Ex Ship (...named port of destination)
	DEQ	Delivered Ex Quay (...named port of destination)
	DDU	Delivered Duty Unpaid (...named place of destination)
	DDP	Delivered Duty Paid (...named place of destination)

出所：Incoterms 2000 (ICC Publication No. 560)

　積地条件に対して，揚地条件のTrade Termsは，次の五つである。ICCは，⑫と⑬を1967年に採択し，⑪を90年に新たに追加している。
　⑨　本船持込み渡し（指定仕向港）：**DES** [Delivered Ex Ship, named port of destination]
　⑩　埠頭持込み渡し（指定仕向港）：**DEQ** [Delivered Ex Quay, named port of destination]
　⑪　仕向地持込み渡し（関税抜き）：**DDU** [Delivered Duty Unpaid, named place of destination]
　⑫　仕向地持込み渡し（関税込み）：**DDP** [Delivered Duty Paid, named place of destination]

⑬　国境持込み渡し（指定場所）：**DAF**［Delivered At Frontier, named place］

　なお，1990年のインコタームズの改訂の主な理由は，Trade Terms を電子データ交換（EDI, Exchange Data Interchange）に適応させることであったので，その原文では表3.2のとおりであり，E，F，C，D に各類型化することによって統一している。C&F にしても，& が電算処理しにくいので，CFR としたといわれる。

【参考】
　＊ Ex Godown, FOR

　実務界では，輸出者の商社と供給者のメーカー間の国内取引において，Ex Godown Yokohama とか FOR Yokohama といった用語が頻繁に使用されることがある。これらの用語の慣習的な意味は，通常，輸出者である買い主の「横浜指定倉庫渡し」ということである。しかし，Incoterms の規定からいえば，Ex Godown は Ex Warehouse と同義語であり，売主の倉庫から物品を引渡し可能な状態で買い主に引き渡す条件である。また，FOR は出荷地の鉄道渡し条件であるので，国内取引で慣用されているこれらの二つの用語は，明らかに本来の意味から逸脱していることになる。したがって，国内で使用するさいには，売り主・買い主が相互に了解していることが多いから，まず問題は生じないであろう。しかし，海外直接取引において，このような意味合いで使用されることは，避けられるべきである。

　次に，取引通貨についてみれば，昨今の米ドル・円高基調の時点では，買い手にとっては，円貨よりは米ドル決済に基づくほうが歓迎される傾向が強い。事実，日本の輸出取引では，ドイツと比べると自国通貨による決済の割合が少ない。米ドル通貨に基づく価格条件であれば，円対ドルの為替レートは相対的に不安定な場合が多いから，前もって為替予約するなどしてリスクの軽減をはかることもできよう。しかし，円決済ないしドル決済であろうとなかろうとも，円高により価格競争力を逸した商品については（たとえば，14インチのカラーテレビなど），為替予約といった次元を超えた問題を抱えている。このようなケースでは，企業は日本で生産し輸出するよりは，韓国，台湾，タイなどの第三国から国際競争力のある製品を仲介貿易取引といった形態で調達する発想転

換を余儀なくされ，問題解決策を講じている。いわば，これは生産拠点の移転によるロジスティックス戦略の展開といえる。

iii 数量条件（Quantity Terms）

取引上の数量条件で問題となる側面は，①数量の単位，②数量の決定時点，③数量の過不足，④最小・最大引受数量などである。

① 数量の単位

重量，容積，個数，包装，長さ，面積などによる単位基準がある。

重量：lb（libra, pound），kg（kilogram）などの表示単位がある。重量には，1トンが2,240lbsの重トン（Long Ton, English Ton, Gross Ton），2,000 lbsの軽トン（Short Ton, American Ton, Net Ton），2,204.616lbsないし1,000kgsのメートルトン（Metric Ton, M/T）に区別される。

容積：M^3（Cubic Meter），barrel, gallon, S.F.（Super Feet）などがある。なお，船会社が貨物で使用する1容積トン（M/T, Measurement Ton）は，$1M^3$＝35.32cftを意味し，重量トンの1M/T（＝1,000kgs）と同じ略し方なので，注意を要する。

個数：pieces, dozen, gross など。

包装：bag, bale, bundle, case, keg など。

長さ：meter, yard など。

② 数量の決定時点

契約で規定する数量条件を積出数量条件とするのか，もしくは陸揚げ数量条件とするのか，いずれかの選択が取引上のポイントのおさえ方である。穀物や，鉱物のように包装しないで船倉に積み込まれるバラニ（Bulk Cargo）などは，船積みや輸送中に積荷の重量に変化が生じがちなので，船積み時，ないしは陸揚げ時のいずれかを数量条件の基準に設定する必要がある。しかし，通常の商品においては，積出数量条件がまず一般的であろう。その他の設定基準としては，総重量ないし純重量を数量条件とするかといった取り決め方もある。

③　数量の過不足

取引数量が信用状で明確に規定されている場合には，あまり問題となることはない。ただし，数量規定があったとしても，実際の貨物を出荷するにあたって少量だけ不足が生じ，規定数量が納期に間に合わないとき，数量規定が明示されていないとき，商品によっては数量規定が明確にしにくいときのことを，契約するにあたって想定しておかねばならない。

第一の出荷時に少量だけ不足が生じる問題については，"partial shipment allowed"の条項を前もって売り手が，買い手に対し信用状に記載するように要請しておく配慮が必要である。第二の数量規定が信用状にない場合には，5％までの過不足が認められると信用状統一規則[1993年改訂条文第40条 b]に規定されている。また，"about"や"circa"，もしくはこれらに類似する用語で数量が規定されているときには，上下10％の増減が許容されている[同規則第40条 a]。第三に数量規定が明確にしにくい商品に関しては，表3.1の「一般的取引条件協定書」における第3項に明示されているように「数量過不足認容条件」（5% more or less at Seller's option）を明記し，信用状にも同様な文言を記載させておく必要がある。

④　最小・最大引受数量

最小引受数量については，商品の生産費用，船積費用，海上運賃などの採算性に基づいて，契約時はもとより見積りの段階から明確にしておき，たとえば，VTR 100台を最小引受数量などとする場合である。他方の最大引受数量は，売り手の供給能力などに応じてその旨を明示しておく。

iv　受渡し条件

貿易取引において受渡し条件が問題となる点は，商品を引き渡すべき，①時期，②方法，③場所である。ただし，通常取引では，引渡しの方法については決済条件で，引渡しの場所は価格条件で別途に売り手・買い手間で交渉されるので，つまるところ引渡しの時期（Time of Delivery）にかぎられてくる。

引渡しの時期といえば，国内取引の慣例では商品を買い手側の指定場所で引き取る時期を意味する。しかしながら，貿易取引のような遠隔地間取引におい

ては，揚地に貨物が到着する時期では不確定なことが多いし，決済上の問題などもあり，一般的な取引慣行としては，積地の**船積時期**（Time of Shipment）が引渡し時期とみなされる。この場合，単月積み（shipment during January），連月積み（January/February shipment），L/C 入手後何日以内（within 60 days after receipt of your L/C），直積み（immediate shipment）などの表示方法によって船積時期を特定する。

今日では，上記のような契約上の受渡し条件以外に，マーケティング的，ないし商的視点にたった見方が必要であろう。現代の競争が激化した国際市場で，日本企業は製品差別化，新用途の開拓，市場細分化などのマーケティング戦略を展開させ，あの手この手による製品ライフサイクルの延命に努めてはいる。しかし，製品寿命自体は，かつてより短縮されてきている。つまり，売り手企業は現在，適切な時期にその製品を物理的に買い手企業に対し引き渡し，商的環境下の場所的空間に位置づけておかねばならない。たとえ品質に優れ，価格の安い製品が今から半年後に入手される予定であったとしても，現時点で現市場にその製品が供給されていなければ，取引の成立は難しい。

小売店とか，デパートなどでよく売れる商品というのは，マーケティング学者のW.オルダースンが指摘する**品揃え**されたものが，現在，その場所に存在するから，消費者に満足を与えうるにほかならない。すなわち，A.スミスの交換価値と使用価値のパラドックスのパズルを「砂漠における1日コップ1杯の水は人間にとり生死にかかわるほどの効用をもつ」といった限界効用の概念を援用することにより，見事に解決したとおり，製品に対して付加される時空間的価値が，取引条件の受渡し要素によって具現化されよう。とりわけ遠隔地取引を基本とする貿易取引では，売り手がいつの時期に製品を引き渡し，買い手が引き取るかの受渡し要素面における**場所的・時間的効用**が焦点となる。

売り手・買い手間の長期的・総体的な取引活動の維持といった観点からするならば，買い手が売り手から製品を揚地で引き取った時点，およびそれ以降の一定期間を経過して観察される製品の状態，予備部品とサービス，苦情処理などを含め，あえて拡大解釈的「受渡し要素」の概念規定とするのが可能ではな

いか。もちろん，法的解釈による「受渡し」の概念は，買主が物品を引き取った時点で完了するだろうし，製品を引き取ったことと苦情処理の問題などは確かに別個のことである。また事実，一般的取引条件の協定書などでは，通常，貿易クレームに関して貨物到着後10日以内とか，受渡し後の付帯条件として法的に売り手の責任が限定されている。しかし，法的根拠をこえて商的視点にたった貿易取引活動を考慮するのも決して問題ではなかろう。なぜならば，売り手が買い手と持続的な取引を保持するには，両者の個別単位の取引は，全体の取引総数に数珠つなぎの連続的関係（取引連鎖，transaction chains）にあり，いかなる取引においても売り手は買い手の言い分に対して注意を怠ってはならないはずだからである。法的にも，買主が物品を引き取ったあとでも，目的物の「隠レタル瑕疵」とか「製造物責任」といった一過性を経たあとに問題となる場合がある。

以上のとおり，受渡し要素——従来の受渡し概念の売り手から買い手に製品を引き渡すこと，およびそれ以後において経過する特定期間——つまり，前者の製品を物理的に引き渡す行為は，製品を**商的環境下**におき，いわゆる時間・場所効用を創出することに直結しており，後者の特定期間は，売り手・買い手間の**持続的取引の維持**に関連している。このような私見からすれば，受渡し要素は製品の品質・価格要素を相手に具現化する補助的手段といえなくはない。しかし，今日の国際市場では，両要素とならぶ，時にはそれら以上に主要な役割を果たすべき要素といえよう。

　　　［受渡し条件に関する私見は，拙稿「貿易取引条件の品質，価格，受渡し要素三位一体化仮説——ヨーロッパ企業の実態調査を中心として——」文京女子短期大学経営学科『紀要』第4号　1985年による。］

v　決済条件（Payment Terms）

通常の貿易取引における決済方法は，債権者である売主が債務者の買主に対して荷為替手形を振り出し，取立てを行う逆為替による場合が多い。このほか，前受けや後払いによる送金・小切手，「商社等本支店間交互計算制度」に基づく貸借記などによる決済方法がある。荷為替決済では，①信用状，および② D/P，

D/A に基づく方法がある。

① 信用状に基づく荷為替手形

荷為替手形とは，船積みした貨物を化体する証券類（船荷証券，Air Bill のような貨物引換証等）などの船積書類を添付することによって手形債権が担保されている手形である。信用状付きの場合，その手形債権について信用状発行銀行は，通常，手形振出人が信用状の条件に完全に合致させるかぎりにおいて，手形の支払い・引受けもしくは買取りを確約することを意味する。振り出す手形は，信用状によって一覧払い（at sight）と期限付き（usance）がある。

② 信用状に基づかない荷為替手形

いわゆる D/P（Documents Against Payment，支払渡し），D/A（Documents Against Acceptance，引受渡し）による決済方法である。船積書類を添付し，手形は担保されるが，支払い・引受けの確約は，買い手の信用以外になにもない。D/P は，通常，船積書類を買い手に引き渡すことによって手形債権の支払いを受け，D/A は書類を引き渡し，買い手が手形を規定期日に支払うことを引き受ける。なお，詳細は「貿易決済・金融の仕組み」（本書第Ⅴ章）で述べている。

【参考】
＊海上保険

海上保険制度は，貿易取引の発展過程において貨物輸送時のリスクを回避し，不確実性を軽減する意味で大きな役割を果たしてきた。イギリスの Lloyd's 保険が誕生する以前の17世紀前半に，今日の保険約款と本質的にあまり変りない保険証券がすでに存在していた。しかし，当時の遠隔地貿易での海上輸送は多くの危険負担を伴い，保険料率はおよそ５％もの高率であり，かつ半面，貿易の粗利益率は莫大なものであった。

現在の海上保険では，いかなる危険（担保危険）に対して，保険会社がどの程度までの責任をもち，リスクから生じた損害についてどの程度までカバーするのかといった**保険条件**が中心的な課題となる。換言すれば，保険条件とは，**担保危険**および**損害てん補の範囲**（保険者が引き受けた危険から生じた損害に対して保険金を支払う程度）を意味する。保険てん補の対象である損害には，全損と分損があり，前者は現実全損と推定全損，後者は単独海損と共同海損にそれぞれ分けられる。てん

補範囲の種類は、通常、①単独海損不担保(F.P.A., Free from Particular Average)、②単独海損担保（W.A., With Average）、③全危険担保（All Risks）がある。① F.P.A. は、原則として全損と共同海損、② W.A. は全損，共同海損，単独海損をカバーし、原則として免責歩合（Franchise)が適用される。③ All Risks は、①②でカバーできないすべての危険を担保するが、これにも限界がある。戦争，ストライキなどは担保する範囲ではないので、特約により "All Risks including War Risks and S.R.C.C." とする。ただし、これはロンドン保険業者協会の旧協会貨物約款（Institute Cargo Clauses, I.C.C.) に基づく保険条件であって、旧約款は1982年1月1日に改訂され下記のとおりの新約款となった。

Institute Cargo Clauses（A）
Institute Cargo Clauses（B）
Institute Cargo Clauses（C）
Institute War Clauses（Cargo）
Institute Strikes Clauses（Cargo）

I.C.C.（A）は従来のAll Risks, I.C.C.（B）および I.C.C.（C）は、W.A. と F.P.A. におのおのにほぼ相当する。なお、わが国では1982年7月1日から実施されている。

4 貿易取引契約成立後のプロセス

貿易取引契約が成立されると、前に述べたとおり取引契約は双務・有償契約であるから売り手・買い手はそれぞれ債務の負担が生じ、売り手は物品引渡しの義務、買い手は代金支払いの義務が派生する。

上記の債務の履行のためには、買い手は、L/C 決済条件であれば自己の取引銀行に信用状開設の依頼を行い、売り手が物品の引渡しができるような状態にしなければならない。約定品が関連法規に基づく輸入承認の対象となるものであれば、ただちにその手続きの準備をなさねばならない。買い手のほうは、輸入金融が大きな課題であり、かつその商品が見込み輸入であれば、その販路をもまた考慮する必要がある。

他方の売り手は、L/C 決済であれば、その信用状を受け取ることが重要であ

り，それが入手される前に，商品を手配したばかりに，結局は L/C が開設されずに在庫になってしまう場合が現実ではかなり多い。したがって，企業によっては L/C 到着前に，原則として物品手配を行わないところもある。信用状が入手できれば，その内容が契約条件と合致しているかどうかを点検し，くい違いがあれば，L/C の改訂（Amendment）を買い手に要求する必要がある。L/C の点検で大切なことは，信用状の有効期限，最終船積日，開設金額，信用状統一規則文言，支払い確約文言，発行銀行の信用度などについてである。次に，物品の手配については，商社であれば対メーカーなどに国内取引の注文書を発行し，メーカーは部品の調達，生産ラインの確保など商社よりも手数がかかる。その他，船腹の確保，為替の問題，商品によっては政府からの輸出許可・承認，輸出検査，取引条件により海上保険，貿易保険などに関して準備を行わねばならない。

　ただし，いかなる輸出入商品でも，次の第Ⅳ章「輸出入通関手続き・船積み・船卸しのフロー」および第Ⅴ章「貿易決済・金融の仕組み」における実務上の手続きが関連してくる。

第IV章　輸出入通関手続き・船積み・船卸しのフロー

1　輸出通関手続きと船積み

　契約された商品が準備されると，積込み予定の船舶を決定し，次に貨物の輸出通関手続きを行い，船積みすることになる。輸出通関とは，税関における輸出管理をいい，税関は関税法等に基づき輸出入貨物，船舶などの取締等を行う大蔵省の管轄下にあると同時に，外為法に基づき通産大臣の指揮監督を受け，貿易管理にかかわる業務を行う。輸出通関手続きをとる前に，輸出者は貨物の検査・包装・検量などの問題をクリアーしておかねばならない。

(1) **検査・包装・検量**

　売り手・買い手間の取引条件にかかわる検査条項で焦点となるところは，契約当事者間のうちだれが輸出貨物検査を行い，かつ，いかなる検査基準を設定するかにある。検査を行う主体が，買い手自体によるのか，買い手に委任された第三者によるものか，売り手自体の検査がfinalであるかなどの検査手順が想定される。

　一般的には，遠隔地のアメリカや，ヨーロッパ諸国などの買い手自体が輸出貨物を検品するために，わざわざ来日するようなことは実際上，あまり考えられない。買い手の日本の買付機関や，買い手が委任した第三者が検査を行うことは現実的である。しかし，韓国や台湾のように比較的に物理的距離が近い場合には，買い手が頻繁に検査のために赴くことは想定されうる。いわば，これはコスト，商品の種類，売り手・買い手間の実績・信頼関係などの条件による。このほか，売り手の商社，ないしメーカーによる自主検査がある。たとえ買い手が検査を施行するにせよ，売り手の自主検査は，将来における相互の取引を維持していくうえでもっとも重要な役割を果たすといえる。商社が輸出者で，

たとえ契約条件に "maker's inspection shall be final" と付記したとしても，契約の当事者が商社である以上は，商社による検品は必至であり，クレームが起こったさいには，当然に商社は自らの責任を解除することはできない。

　輸出品の正価の維持および向上をはかり，健全な輸出貿易の発展のために，かつて輸出検査法（昭和32年5月2日　法律第97号）および関連法規で政府の検査機関とその指定を受けた民間検査機関による輸出検査が義務づけられる指定貨物があって，その検査品目の対象に指定されていた場合，同検査機関が指定品目の品質，包装等の検査を行い，規定された標準に合致したものについては外装などに合格の旨を表示し，輸出通関のさいに必要な輸出検査証明書を交付していた。ただし，現行では廃止されている。売り主と買い主間で検査条件が取り決められている場合，その商品に準じた品質，機能，数量，外観，包装などの検査基準について売り手・買い手間であらかじめ設定し，合意しておくことが大切である。

　以上は，主に積地における契約上，完成品の検査を中心として述べた。商品によっては，生産工程の途中で検査が要求されるものがあるし，揚地で受入れ検査を要請される場合もある。前もって当事者間で検査方法などについて，商品の特性や業界の商慣習などに基づいて，十分に話し合い，相互に合意しておかねばならない。

　輸出包装について Packaging という場合には，通常，商品の内装を意味し，Packing は外装であり，Seaworthy Packing とか，Standard Export Packing などと契約書に明記されることが頻繁である。一般的には，外装には主マーク，品質マーク，仕向マーク，荷番号，原産国マークなどの荷印（Shipping Marks）を刷りこむ。荷印は，かならずしも絶対に外装に刷り込む必要があるとはいえないが（たとえば，CY コンテナ詰めの貨物），国によってはマークがなければ輸入通関できないところがあるし，無印であれば時には仕向国を間違うこともありうるから，原則としては荷印はつけるべきであろう。

　貨物の検量については，通常，保税地域に貨物を搬入した後，検量業者の日本海事検定協会や，検定新日本社がその業務を行う。検量業者は，容積重量証明

書（Certificate and List of Measurement and/or Weight）を発行し，その容積（M^3, Measurement Ton），ないしは重量（Metric Ton）のうちいずれかの勝ったほうが，一般的には海上運賃や船積諸掛などの算定基準となる。輸出者の売り主と買い主間で特定の取り決めがないかぎり，売り主はかならずしも検量を施行する義務はないものの，海上運賃の算定基準（コンテナ単位であれば，海上運賃は決定できるが），後々のためにも検量を行うのが得策である。

(2) 輸出申告・許可

検査・包装・検量が完了すると，税関に貨物の輸出申告を行い，輸出許可（Export Permit）を受けて，本船に貨物を積み込む。この場合，税関と船会社に対して乙仲（海運貨物取扱業者，海貨業者）が，荷主の代行業務を行うのが一般的である。したがって，荷主は次に述べる必要書類，および船積指示書（Shipping Instructions）を乙仲に託すればよい。

輸出申告のさいには，通常，輸出申告書3通，商業送り状（Commercial Invoice）2通，包装明細書（Packing List）1通，その他輸出（許可・承認）証，カタログ類などの必要書類を税関に提出する。輸出貨物は所定の保税地域に前もって税関に申告するまえに蔵置しておかねばならない。保税地域は，指定保税地域，保税上屋，保税蔵置場，保税工場，保税展示場，総合保税地域の五つの種類にその機能に応じ分かれ，輸出通関では主に指定保税地域や保税蔵置場が使用される。

税関は，受領した書類を審査し，必要に応じて現品検査を行う。書類と貨物が一致しているか，関連法規などに基づいて手続きが行われているかなどと審査し，なんら問題がないとすれば，輸出許可の旨が輸出申告書の1通に押捺され，輸出許可書として輸出者に交付され，それをもって貨物の積込みを行う。船積み完了後，輸出許可書としての輸出申告書の1通は，輸出者の代理人である乙仲を経由して荷主に返還される。残りの輸出申告書2通のうち，1通は税関に保有され，1通は大蔵省関税局に回付される。

(3) 貨物の積込み

輸出許可を受けた貨物の本船への積込みは，コンテナ船と在来船の場合に

第IV章 輸出入通関手続き・船積み・船卸しのフロー 103

よってその手順が異なる。

在来船：在来船とは，とくにコンテナ輸送を考慮しないで設計された一般貨物船であり，鉄鋼や自動車などの輸送には在来船が使用される。荷主の代理人，乙仲は，まず S/O (Shipping Order, 船積指図書) を作成しなければならない。船積指図書は，船会社が本船の船長に対し貨物の船積みを命じるもので，本来は，船会社がそれを記入するところを，実際には乙仲がかわって行う。その船積指図書の所定様式は，船会社によって異なるが，通常，Shipping Order, Mate's Receipt, Office Copy などから構成された一組になったものである。

多数の荷主の比較的に小口貨物を混載して運送する**総積み**の場合には，S/O と輸出許可書をもって，Shipping Agent の指定する場所に乙仲は貨物を搬入し，それを受けた Shipping Agent は貨物を本船へ持ち込み，さらに船内作業は Stevedore (ステベ，船内荷役業者) が行う。貨物を積み込むときに，船会社側と荷主側の代理人としての検数人 (タリーマン，Tallyman，荷主側は，通常，乙仲) が，立会い貨物の個数，荷姿を検査する。問題があれば Mate's Receipt (M/R, 本船受取証) の摘要 (Remarks) がつき，いわゆる Foul (故障つき) となり，問題がなければ無故障 (Clean) となる。最終的には，その M/R の内容は，Chief Mate (一等航海士) に対して報告され，一等航海士が責任をもってそれに署名し，原則としては荷主側に返却されるところではあるが，実際にはステベから船会社に回付され，その確認に基づいて B/L が発行されるのが一般的である。大口貨物の**自家積み**においては，荷主側が艀で本船に貨物を持ち込み，M/R を自ら受け取り，それをもって船会社から B/L 発行をしてもらう。総積みないし自家積みの B/L 発行のさいには，CFR および CIF 条件では，海上運賃は前払いであり，通常，荷主が現金で支払い，FOB 条件ではその必要はない。

コンテナ船：コンテナ船への積込みは，在来船の S/O のかわりに Dock Receipt (D/R, ドック・レシート) が使用される。小口の CFS 扱いの貨物［LCL (Less than Container Load)］であれば，通常，荷主から委任された乙仲は，船会社の Container Freight Station (CFS) に D/R および輸出許可書を携えて，貨物を CFS Operator に引き渡す。乙仲は，D/R の一部を貨物の受取証として返却

され，それに基づいて船会社から B/L の発行を受ける。この小口貨物は，他の荷主の貨物と一緒に一個のコンテナに Vanning され(Carrier's Pack)，CY Operator によって本船に積み込まれる。CY 扱いの貨物[FCL (Full Container Load)]であれば，通常，荷主側は船会社の Container Yard(CY)に一荷主だけの貨物が Vanning されたコンテナ (Shipper's Pack) を持ち込む。D/R の一部は，原則として荷主側に返還されるべきところではあるが，そのまま船会社に回付され B/L が発行されるのが実情のようだ。コンテナを本船へ積み込むのは，CFS 扱いと同様に船会社の CY Operator が行う。

　海上運賃の支払いは，原則として在来船と同じであるものの，FOB の場合でも CFS チャージは荷主が船会社に支払わねばならない。本書の第Ⅲ章第3節の(2)で述べたとおり，インコタームズの規定に従えば，フル・コンテナ船では，通常，売り主の義務は輸出通関手続きをすませ，運送人の管理下に貨物を引き渡すまでであり(FCA, CPT, CIP の場合)，在来船では原則として本船へ積み込むまでである(FOB, CFR, CIF の場合)といえる。したがって，フル・コンテナ船の B/L は，受取船荷証券 (Received B/L) ということになるが，通常，積込船荷証券 (Shipped B/L) が要求されるので "On Board Notation" を付記することによって，Shipped B/L と同等の効力をもたせる。

(4) 船積み案内・書類送付

　通常の貿易取引の慣行としては，売り主は船積み前後に貨物の出荷案内をテレックスなどをもって買い主に対して通知する。インコタームズの定型貿易条件によっては売り主の買い主に対する通知義務として，「物品を本船上で引き渡した旨の十分な通知」について規定している。船荷証券の原本，その他必要書類は，通常，荷為替手形の買取銀行を経由して売り主から買い主に回付されるが，船積書類の原本の写しを買い主（要求があれば，買い主の通関業者などにも）に直接送付するのが一般的である。とくに，FOB や CFR (C&F) 条件の場合には，買い主が海上保険を付保しなければならないので，実際上，売り主の出荷通知を必要とする。

2　輸出入取引の基本的な相違

　輸入取引と輸出取引と異なる主な点は，輸入金融，国内販売などの問題であろう。もちろん輸出取引の場合でも，輸出前貸金融はあるが，L/Cを入手していれば，比較的に金融問題は生じない。輸入取引では，国内市場での決済が約束手形によることが多いし，たとえ現金決済であったとしてもすぐには入金できないので，まず輸入貨物代金決済の問題があり，輸出取引のようにだれでも簡単に始められるわけではない。海外との決済条件がD/Aによれば，相対的に資金繰りは容易になり，あまり問題はない。しかし，海外の売り手が見ず知らずの買い手に対して，取引の始めからD/A決済条件を許容することはまずありえず，L/C決済ということになろう。L/C決済であれば，国内の取引銀行との信用問題があり，L/C開設するにあたっては，買い手の銀行に対するそれなりの保証がなければならない。そこで輸入取引では，輸入金融が輸出よりは問題が多いのである。

　次に，輸入者は国内販売の基盤をもっていなければならず，それは一朝一夕に築かれるものではないし，輸出取引であればファクスやEメールである程度まで用が足りうることもできる。国内の顧客から注文をとって輸入発注するだけではなく，時には商品在庫を抱えねばならない。これは，資金的問題とも関連するし，日本の流通構造のニーズに合致させるにはサービスやきめの細かいフォローアップが必要となり，そのために輸出取引よりは多くの人員が要求される。このほか商品の在庫場所の設定，物流問題など輸入取引は輸出取引と多くの面で異なるところがある。しかし，電子商取引ではこの限りではない。

3　船卸しと輸入通関手続き

　輸入通関手続きは，理論的には輸出手続きの逆ということになるから，輸入貨物を本船から船卸しし，保税地域に搬入し，輸入申告を行い，輸入許可（Import Permit）を受け，引き取る手順をふむ。輸出手続きと異なるところは，

とくに関税問題であろう。商品を輸入する前に輸入税率を確認しておく必要があり、それは輸入品のコストとも関連し、もっとも重要なことである。税率がどうしても確認できないときには、あらかじめ乙仲経由でカタログや実物見本などを税関に提示し、評価してもらっておくことが一案である。輸入規制・禁止されている品目もあるので、輸入できるものか、輸入承認証や許可書・証明書を必要とするか、関連法規との問題点はどうかなど確認しておく必要がある。

(1) 船積み案内・書類整備

前に述べた輸出の船積み案内のとおり、海外の輸出者から国内の輸入者に貨物の出荷状況について、あらかじめ連絡してくるのが一般的であり、できるだけ早く貨物の船積書類の写しを取得しておく必要がある。韓国や台湾からの貨物の船舶は、その書類の原本が到着する以前に入港する場合があり、そのまま放置しておくと倉庫料も高くついてしまう。

船積書類は、通常、積地の輸出者が銀行と荷為替を取り組み、揚地の輸入者の為替銀行に回送されてくるので、輸入者は手形決済を行い、船積書類を引き取る。この場合、輸入者は船積書類と引換えに輸入代金を支払えばよいのだが、本邦ローンなどの輸入金融を受けていることが多い。このようなさいには、輸入者は Trust Receipt などを銀行に差し入れて船積書類を借り受ける。輸入者は、この船積書類のうち B/L に裏書して、それを船会社に提出し、D/O（Delivery Order、荷渡指図書）を取得する。もし仮に船積書類が未着のときには、銀行から保証状（Letter of Guarantee, L/G）を取りつけ、その L/G を船会社に差し入れて D/O を受け取る。

(2) 船卸し

輸入者の在来船貨物の荷受け方法は、**総揚げ**、ないし**自家取り**による。総揚げは、通常、少量の貨物を引き取る場合で、他の貨物と一緒にまとめて船会社が指定保税地域や保税上屋などに自動的に陸揚げする。Landing Agent に D/O を差し出して貨物を引き取る。貨物が大口のものであれば、自家取りによるほうが、陸揚げ費用が経済的である。自家取りでは、輸入者が自己の責任で直接に本船から貨物を引き取るのであるが、通常、輸入者の代理人、乙仲が艀などを

準備し，本船に D/O を提出して貨物を保税地域に船卸しする。船卸しするときに，本船側と貨物荷受け人とのあいだの貨物の受渡しを立証する受取証としての Boat Note（船卸票）が必要となる。これは，いわば輸出の Mate's Receipt に相当するもので，船卸しする貨物の状態がそこに明記される。

コンテナ船貨物の荷受けにおいて，CFS 扱いの貨物は，Container Freight Station に，CY 扱いの貨物は Container Yard に，通常，搬入される。

(3) 輸入申告

船卸しされた貨物は，原則として保税地域へ搬入し，輸入申告の手続きをとり，輸入許可（Import Permit）を受けねばならない。輸入申告のさいに必要な書類は，通常，次のとおりである。なお，輸入申告する場合，同時に納税申告を行う。そのために，表 4.1 の「輸入（納税）申告書」に課税標準，納付する税額などを記載しなければならない。

① 輸入（納税）申告書（様式 C-5020）：3 通
② 商業送り状：2 通（輸入決済のために銀行経由で回付されてきた輸出者署名のもの。ただし，輸出者から書類が未着のさいには，輸入者が作成した Pro-forma Invoice を使用する。）
③ 包装明細書，重量容積明細書，原産地証明書など
④ 輸入承認証（輸入承認を必要とする場合）
⑤ 他法令による許可書，証明書など
⑥ 関税納付書（C-1010）
⑦ 運賃明細書，保険料明細書など（従価税品の課税価格は CIF 価格としているので，輸入価格条件が FOB や CIF の場合に必要とする。）

輸入申告は，通常，輸入者の代理人としての乙仲が行い，上記の必要書類を税関に提出する。税関では，輸入申告書類やインボイスなどの記載上の審査を行い，輸入貨物が関連法規等の要件をみたしているか，課税標準・適用税率・税額が妥当しているかどうか，その他減免税などについても審査し，必要に応じて現品検査をもまた行う。

表4.1 輸入（納稅）申告書

(税関様式C第5020号の輸入納税申告書フォーム)

(4) 輸入許可・貨物の引取り

輸入申告が行われ，税関での通関審査が問題なく完了すれば，無税品についてはそのまま輸入許可が行われ，有税品であれば関税納付書が返還される。輸入申告者は，その納付書をもって輸入税を納付し，その領収書を提示すれば輸入許可書が発行・交付される。輸入許可書を貨物の蔵置されている保税地域の監督職員に示し，搬出届（C-3050）を提出すれば，内国貨物として引き取ることができる。ただし，自主管理適用保税地域であれば，搬出届は不要である。

【参考】

＊国際複合一貫運送（International Combined Transport）

物的流通革命と呼ばれるコンテナ船が，1967年にはじめて出現し，現在では従来の在来船による輸送をしのぐようになった。コンテナは，通常，ISO 規格で$8'×8'6''×20'$（横×高さ×奥行）の20フィート・コンテナ，および$8'×8'6''×40'$の40フィート・コンテナがあり，いわゆる貨物ユニット化を目的とする輸送容器である。ドライ・コンテナ，オープン・トップ・コンテナ，冷凍コンテナなど多くの種類がその用途に応じてある。また，このようなユニット化に伴い，船舶，トラック，鉄道，航空の異種輸送手段の組み合わせによる複合一貫運送が実現されたのである。信用状統一規則の1974年の改訂版や，80年の Incoterms にも，コンテナ輸送などの複合一貫輸送の要求に応じるために，国際ルールが規定されるようになった。かつての陸路・海路コンテナ B/L では，L/C に "transhipment allowed" とうたわねば，銀行はディスクレ（discrepancy）とみなす時代もあった。

＊航空輸送貨物

今日では，航空輸送による輸出入取引が増加する傾向にあり，通関手続きは海上貨物の場合と原則的に同じであって，より迅速，簡便である。通関関係処理は電算化され，NACCS（航空貨物通関情報処理システム）によって税関，航空会社，通関業者，上屋業者などをオンラインで結んでいる。航空貨物運送状（Air Waybill/Air Bill）は，船荷証券のように有価証券ではない。運送人が発行する単なる貨物受取証であり，受取式・記名式，流通性がない。したがって，信用状取引の場合などには，貨物の担保権を確保するために仕向地の銀行を荷受人とすることが一般的である。

＊海上貨物通関情報処理システム

現行においては，航空貨物ばかりでなく，海上貨物についても通関手続きを電算

機を利用してオンラインで処理する時代が到来した。同情報処理システムの利用者は，税関・通関業者・銀行であり，東京・横浜・川崎港では1991年10月，大阪・神戸・堺・名古屋港では92年10月に稼動開始された。輸出関係では，輸出申告，コンテナ扱い申告など，輸入関係では輸入申告，蔵入・移入申請，蔵出申告，保税運送などが電算処理化される対象業務となった。

現在では，航空貨物申告をシステム処理する場合を Air Naccs，海上貨物では Sea Naccs と呼び，NACCS は Nippon Automated Cargo Clearance System の略称となっている。1999年10月から新システムの NACCS が稼動し，税関・通関業者・銀行のほかに船会社・船舶代理店，コンテナヤード，保税蔵置場業者，諸官庁の電算機システムと新たにインターフェイスされるようになっている。

*ロジスティックス（**Logistics**）

最近，貿易取引でロジスティックスという用語が用いられるが，上記で述べた国際複合一貫運送，航空運送などの主に貨物の輸送に関して述べられていることが多い。しかし，今日の貿易取引や国際マーケティングでは，商品の輸送ばかりではなく，原材料・資材の調達や在庫，生産拠点における原材料・完成品などのフローを含めることが本来の用語の意味を反映されていると考えられる。つまり，世界の生産拠点からの貿易取引を包括したグローバルな視点にたったロジスティックスの展開が要求される時代ともいえる。

第Ⅴ章　貿易決済・金融の仕組み

1　荷為替手形の背景

　荷為替手形とは，**荷付き為替手形**であって，手形債権が貨物を化体する船荷証券類によって担保されている手形である。これに対して証券類がつかない手形を**荷なし手形**クリーン・ビル（Clean Bill）という。また，荷為替金融は貿易信用制度の発展過程において大きな牽引力となった。この近代的な国際信用決済制度への進展の先駆けとして，まずイギリスの委託代理商法（Factors Acts；1823年，25年，42年）が制定され，改正されていった。従来は，貿易取引における契約当事者以外の第三者，たとえば輸出金融者の貨物に対する権利をまったく認めていなかったのが，同法の成立により，船荷証券などとともに貨物に対する担保権を第三者に委譲できるようになった。

　さらに船荷証券法の改正（1848年，55年，62年）により，契約当事者間の絶対的所有権の移転，および貨物を担保として与信する金融機関の制限的所有権の移転が，法的に明確に区別され，船荷証券の準流通性の性格も認められ，整えられた。ここにおいてはじめて，CIF条件の売買契約にみられるような権利証券による物権の象徴的引渡し（以前は，委託販売貨物を担保とする金融であり，かならずしも船積書類などを為替手形に添付しなかった）の商慣習が確立されたのである。

　他方で，マーチャント・バンカーによる荷為替手形に対する引受けを書状で約束する初期の信用状が第一次世界大戦まで使用された。大戦以降は，荷為替手形が信用状に組み込まれる形式の荷為替信用状の利用が急増し，1933年には信用状統一規則が制定され，今日の荷為替信用状制度の背景が確立した。第二次世界大戦後は，周知のように荷為替信用状が貿易決済上のかなめとなり，貿

易促進に大きく貢献するのである。このように荷為替手形を中心とした船荷証券などの船積書類，荷為替信用状とのかかわりのなかで今日の貿易金融システムが形成されてきたといえる。

2　貿易決済の方法

　貿易取引における代金決済の方法は，国内取引と同じように物品の引渡し時期を中心として，前払い，引換払い，後払い，ならびにこれら三つのいずれかを混合した支払方法が想定される。国内取引では，現金，送金，小切手，約束手形などによるだろうし，貿易取引において同じように現金，送金，小切手などの決済方法が考えられる。国内取引で頻繁に使用される約束手形に対応して，貿易取引では為替手形による方法がもっとも多い。しかも，貿易取引は，通常，国境を越えた遠隔地取引であって，とくに通貨・法律・金融システムなどの相違により代金決済の手続きが，国内取引よりは一層複雑になりがちである。

　さらに，国単位の貿易収支の問題についてもまた配慮する必要があるので，政府による介入がより大きい。たとえば，旧外為法では標準決済方法と標準外決済方法を区別して，政府は物の流れと金銭の流れを管理していたし，「原則自由・有事規制」の新外為法のもとでは通常決済方法，および特殊決済方法と分けることによって決済通貨のフローを審査し，監視することを怠らなかった。具体的には，輸出取引では「輸出報告書」におけるL/C, D/P, D/A, 送金・小切手，前受け，延払いなどの項目は政府が確認する決済方法であった。特殊決済方法であれば，通常，通産大臣の承認を必要としたので，その旨を輸出報告書に明記しなければならなかった。特殊決済方法に関する省令（昭和55年11月28日　大蔵省令第48号）等において輸出入取引，役務取引，仲介貿易取引などにかかわる特殊決済方法が規定されており，これ以外の支払方法が通常決済ということになっていた。ただし，現行の改正外為法ではこれらすべてが廃止されている。

　貿易決済方法には，信用状付きと信用状なしの為替手形（DP・DA）ならびに

送金・小切手による方法の三つがある。

3　信用状に基づく荷為替手形（L/C）

荷為替信用状（Documentary Letter of Credit）により裏づけられた荷為替手形である。したがって，信用状を接受した輸出者の信用度が，相対的に低い場合でも，信用状の発行銀行が一流であり，船積書類が信用状の条件に合致しているかぎりにおいては，銀行はその為替手形を買取ることが一般的である。このようなことから，前章の第2節で述べたように，信用状を受領する輸出取引のほうが，信用状を開設する輸入取引よりは，資金負担が軽減されるので，金融上の問題が少ない。

(1)　信用状の種類

荷為替信用状とは，通常，輸入者が取引銀行に信用状の発行を依頼し，輸出者が物品の船積み後，荷為替手形を振り出したさいに，銀行がその手形の支払い・引受けないし買取りを約束する証書である。ただし，手形とともに呈示する船積書類が，完全に信用状の条件に合致するかぎりにおける確約である。信用状の種類の区分の仕方にはいろいろあり，使用目的による区分では，①荷為替信用状，②スタンドバイ信用状（Standby Letter of Credit），③旅行信用状（Traveller's Letter of Credit）に分けられる。また，要求書類の有無に基づいて分類すれば，ドキュメンタリー信用状（Documentary Credit），およびクリーン信用状（Clean Credit）ということになる。前述の使用目的による分類①，②，③のうち，①荷為替信用状は，通常，Documentary Creditであり，それ以外の②Standby Creditと③Traveller's L/Cは，Clean Creditと類別されることが多い。

しかしながら，信用状統一規則の1993年の改訂条文[「荷為替信用状に関する統一規則および慣例（1993年改訂版，No.500）」"Uniform Customs and Practice for Documentary Credits (1993) Revision"]では，荷為替信用状のほかに，スタンドバイ信用状に対しても同規則が適用されるようになっており，上記の②Standby L/CをもDocumentary Creditに含める傾向が強くなった。いずれにせ

よ，本書では荷為替信用状について，取消可能信用状/取消不能信用状（Revocable Credit/Irrevocable Credit），買取信用状/支払信用状/引受信用状（Negotiation Credit/Payment Credit/Acceptance Credit），無確認信用状/確認信用状（Unconfirmed Credit/Confirmed Credit），一覧払信用状/期限付信用状（Sight Credit/Usance Credit）の分類からみることが，実務的には重要であると考えられる。

(2) 信用状と貨物のフロー

図5.1が示すとおり，荷為替信用状の仕組みは，輸出者と輸入者間で取り決めた貿易取引契約に基づいて，輸入者は，自己の取引銀行に信用状の発行を依頼し，依頼を受けた発行銀行は，発行依頼人（Applicant）の与信限度などを審査し，受理されれば信用状の発行手続きをとる。そして，発行銀行（Issuing Bank）

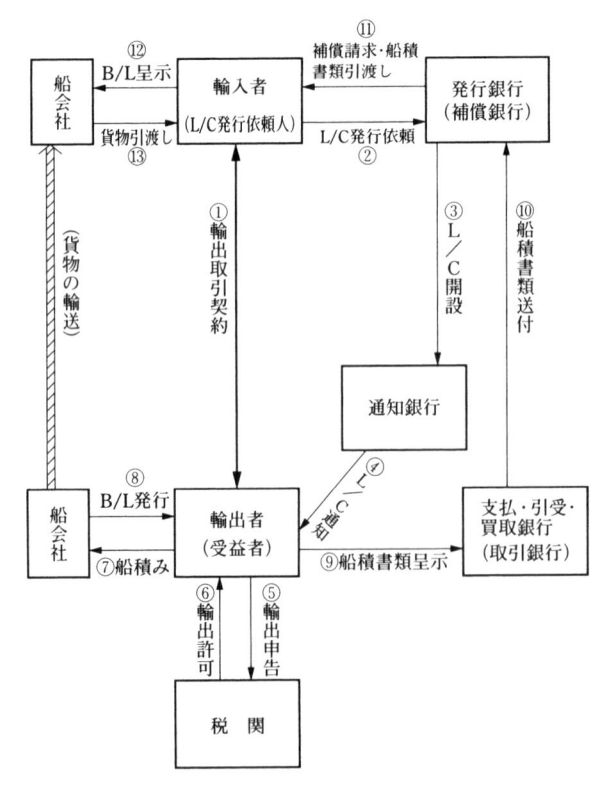

図5.1 荷為替信用状と貨物のフロー

は，通知銀行（Advising Bank）などに対して指図した信用状を発行する。その信用状を接受した受益者（Beneficiary）である輸出者は契約した商品を通関・船積みし，信用状の定める条件を充足させるような荷為替手形と船積書類などの要求書類を呈示する。その場合，輸入者の支払いの有無にかかわらず，当該商品の売買契約当事者外の発行銀行は，信用状の指図に準じて手形の支払い・引受けもしくは買取りを確約する。信用状解釈に関する統一規範ともいうべき信用状統一規則（1993年改訂版，第3条）に明示されているように，**信用状**は輸出者，輸入者の売り主・買い主間の売買契約と別個の独立したものでなんら拘束性を受けない，「独立抽象性の原則」を規定している。

さらに同規則第4条は，信用状は**書類取引**であると規定している。したがって，信用状を受領した輸出者は，約定品を通関・船積みすることによって，運送人である船会社から貨物を化体するB/Lを取得し，信用状に定めたその他の船積書類を為替手形に付属し，取引銀行に呈示する。要求書類の呈示を受けた為替銀行は，それが信用状条件に充足されているかぎりにおいて信用状の指図に基づき，通常，支払い・引受けもしくは買取りを行う。買取銀行は，発行銀行が補償銀行になっている場合には，要求書類を発行銀行に発送し補償請求を行う。その書類を受けた発行銀行は，書類を審査し，受理するかどうかを決定する。受理されたならば，発行銀行は，通常，輸入者である発行依頼人から補償と引換えに書類を引き渡し，買取銀行から回付された手形決済を行う。最後に，船荷証券を船会社に提出して貨物の引取りを行うのである。

(3) **信用状と荷為替手形**

第Ⅶ章第1節の資料7.11の荷為替手形（Bill of Exchange）にそって，手形代金の取立てのプロセスを把握することができる。荷為替手形は，同一内容のものが2通からなる組手形であり，①振出人（Drawer），②名宛人（支払人）（Drawee），③受取人（Payee），④輸入者の勘定などから構成されている。すなわち，①振出人が，輸出者のJEC，②名宛人が，信用状発行銀行のThe London Bank Ltd.である。振出人は，すでに買取銀行から"value received"（対価受領済み）であるので，手形金額の受取人は，通常，買取銀行となる。したがって，

④輸入者の BEL の勘定から，手形金額を引き落してもらえばよい。

4 信用状に基づかない荷為替手形（D/P・D/A）

信用状に基づく手形決済と同じように，取引上の手続きは，あまり変わらないが，信用状の銀行による支払い，引受けなどの確約がないことが，L/C付きの手形とは相違する。いわゆる D/P（Deliver **Documents** to Buyer Against Drawee's **Payment** of Draft, 支払渡し），および D/A（Deliver **Documents** to Buyer Against Drawee's **Acceptance** of Draft, 引受渡し）による決済方法がある。一般的には，D/P は売買契約に基づいて要求される為替手形と船積書類を輸出者が銀行経由で取り立て，輸入者が手形金額を支払えば，書類を引き渡す条件である。他方の D/A は，輸入者が手形を引き受ければ，書類を引き渡す条件である。

(1) **取立統一規則**

信用状は，主に信用状統一規則に準拠するとするならば，D/P，D/A の場合には，取立統一規則［Uniform Rules for Collections（1995 Revision）ICC Publication, No.522］が統一規範の国際ルールといえる。しかし，同規則は，1956年に制定されたもので，信用状統一規則ほどには普及されていない。同規則に基づいて，手形取立てのプロセスにかかわる関係当事者をみると，輸出者のように取立事務を依頼するものは，**本人**（Principal），依頼された銀行は，**仕向銀行**（Remitting Bank）という。仕向銀行以外の銀行で，取立て指図の処理を行うすべての銀行が，**取立銀行**（Collecting Bank），支払人に対して手形などを呈示する銀行が，**呈示銀行**（Presenting Bank）輸入者が通常，**支払人**（Drawee）ということになる。信用状であれば，銀行などに呈示する書類は明示されているが，D/P，D/A 決済の場合には，売主・買主間の売買契約書に定められているのが標準的である。同規則では，為替手形，約束手形，小切手などを金融書類（Financial Documents）とよび，権利証書，送り状，積出書類などを商業書類（Commercial Documents）としている。したがって，貿易取引契約書では，要求

書類を明記し，かつ「取立統一規則に準ずる」と同契約書の条項に特定しておく必要がある。

(2) 輸出手形保険制度

D/P・D/A 手形取引は，信用状に基づく手形取引のように信用状発行銀行による支払い，引受けなどの確約がないので，原則論からいえば銀行買取りなしの取立手形 (Bill for Collection) という見方もなりたつ。しかし，それでは輸出者の商品代金の資金化が遅れ，金融面で支障を来しかねない。そこでD/P・D/A 手形を銀行に買い取ってもらうために，第II章第4節で述べたとおり，通常，貿易保険制度における輸出手形保険 (Export Bill Insurance) が利用される。これは，主に輸出者が信用状なしの荷為替手形によって輸出した場合に，その輸出者を振出人としての手形を買取った被保険者である買取銀行の損失を政府がカバーする保険である。また，信用状付きの輸出手形取引にも利用できる。輸出手形保険では，手形金額を保険価額とし，政府が支払う保険金額は保険価額の82.5％（信用危険の場合には，80％）を最高限度額として運用され，さらに15％を限度として地方公共団体が追加補償する。

ただし，被保険者の銀行の故意もしくは重大な過失などによる場合は，損失はてん補されない。付保しうる手形は，その支払人が「海外商社登録名簿」においてAもしくはGに格付けされていること，またはM・Fに格付けされている場合には，通商産業大臣の確認を受けていることを条件とする。B・Cの格付けの支払人は付保されない。

(3) D/P・D/A の種類と役割

D/P 手形は，通常，一覧払い手形と解釈されがちであるが，期限付き (usance) の場合もある。輸出貨物が仕向地に到着するのに，相当の日数を要するさい，輸入者はB/Lや手形などを先に受け取ったとしても，手持ちの商品にならないので，資金を遊ばせてしまうことになる。したがって，貨物の輸送日数を加えた期限付きのD/Pになる場合がある。しかし，中南米諸国などでは，たとえD/P at sightであっても貨物の到着後になる慣習があるので，D/A 条件として扱われ，支払いよりは引受けに対して書類が引き渡されることがあり，注意

を要する。D/Aの支払期限の表示の仕方としては "D/A 60 days after sight," "D/A 60 days after B/L date," "D/A at February 20, 2000" などによる方法がある。後者二つの表示方法が，支払期日が特定できて望ましいが，これはあくまでも売り主・買い主間の合意に基づくから，一概に取引上そうあるべきとは結論づけられない。

　D/P・D/A手形は，信用状に基づく手形決済と比べて，利点としては輸入者にとってL/Cの開設費用，担保金などが節約でき，輸出者には契約と同時に貨物を船積みすることができて，手続きが簡単である。輸入者は資金負担が軽減されるので，輸出者の商品の販売促進にもつながる可能性が強い。にもかかわらず，輸出者にとっては，たとえ輸出手形保険が付保されていたとしても，信用状と比べいぜんとして危険比率が高く，売り手・買い手間の信用力のみに依存しがちになる。逆に，商社や，メーカーなどの本支店間の取引には最適といえる。

5　船積書類と銀行ネゴ

(1) 船積書類の意味

　船積書類の確定的な定義はない。売り主・買い主間における貿易取引契約に基づいて，売り主が物品を船積みしたあとに，買い主に対して提供するすべての書類を称していう広義のものから，船荷証券，保険証券，送り状の狭義のものまでに限定する場合がある。しかし，実務的には通常，広義のすべての書類をさして，船積書類ということが多いようである。信用状統一規則では，船荷証券や複合運送書類等の「運送書類」，保険証券・保険証明書等の「保険書類」，ならびに包装明細書・原産地証明書・領事送り状等の「その他の書類」としている。しかし，もっとも中核的な書類は貨物を化体する船荷証券といえよう。

(2) 指図式船荷証券

　船荷証券（Bill (s) of Lading, B/L）は，通常，そこに記載された貨物の受取りを証し，かつその引渡請求権を表彰する有価証券とされる。したがって，輸

出者が輸入者に船荷証券を引き渡すことは，実務的には貨物を引き渡したのと同じである。他方でその船荷証券を受け取った輸入者は，同証券と引換えに貨物の引取りを請求することができる。時には，輸入者が貨物の到着前に B/L を他の顧客に売ってしまう場合がある。また，船荷証券には，荷主と船会社の運送条件が記載されている。船荷証券は，一般には要因証券とされているが，その記載については債権的効力が認められ，その引渡しには物権的効力があるとされる。

　B/L 面の記載上，焦点となるところは，荷受人 (Consignee) における指図式 (to order)（記名式もあるが，実務上一般的ではない）の場合である。指図式の船荷証券は裏書き譲渡できるという流通性をもっており，いわば貨物の所有権が転々と流浪するわけである。指図式の B/L で実際に想定される記載の仕方には，通常，次の三つがあろう。

① To order
② To order of shipper
③ To the order of ……Bank

①と②が，実務上もっとも多いと思われるし，両者はほぼ同じとみてよい。あえてその違いをいうならば，① To order は，荷送人，ないしその代理人，たとえば荷送人の乙仲といったようなことが，時には見受けられる。③は，L/C 付きの荷為替手形では，通常，信用状発行銀行，D/P・D/A では取立銀行としての書類の呈示銀行（買い手の取引銀行など）のことが多い。荷送人の荷為替金融を行うさいには，①と②については，手形買取銀行の譲渡担保となりうるが，③の場合には，担保となりえないのであるが，とくに L/C 付きの手形買取りでは実際上問題なく，為替銀行が買取ってくれることが一般的である。

(3) 銀行ネゴ

　第Ⅳ章第1節で述べたとおり，貨物の輸出許可を受け，B/L を取得したならば，最終的に輸出者は荷為替手形を銀行に買取ってもらい (Negotiation)，積荷代金の決済を行う。信用状付き，または信用状なしのいずれの場合においても，銀行買取の手続きは基本的には同じである。

信用状では，その要求書類を揃え，すべて信用状の規定している条件に合致していなければならない。とくに荷為替手形の名宛人（Drawee）の部分が，L/C条件によって通常，補償銀行などの場合が想定される。信用状統一規則では，名宛人は銀行と規定している。L/Cに記載されている要求書類以外に，通常，銀行所定の「信用状付手形買取依頼書」［Application for Negotiation of Documentary Bills(With L/C)］，および税関から返却された輸出報告書などが必要とされる。

D/P・D/Aでは，「荷為替手形買取依頼書」［Application for Negotiation of Documentary Bills(Without L/C)］と輸出報告書などが要求される。ただし，為替手形の記入する部分がL/C付きの場合とは，多少異なるので留意すべきである。とくに，手形の名宛人は，主に輸入者名が記載され，銀行ということはない。D/P・D/Aの輸出手形保険料については，買取銀行が被保険者であるが，輸出者ないしは手形振出人が銀行に対して支払う。

上記で述べた指図式船荷証券の①と②の場合には，白地式裏書（Blank Endorsement）が一般的であり，B/Lの裏面に手形振出人の署名が必要であり，かつ保険証券なども同様である。

第Ⅵ章　貿易コミュニケーション

1　ビジネス・コミュニケーションの役割と動向

本書の第Ⅰ章第4節の「貿易取引のフロー」では、貿易取引における売り手・買い手を主体、取引の対象としての商品を客体とし、ビジネス・コミュニケーションの役割は、触媒作用的な機能をもつ媒体と想定した。すなわち、コミュニケーションは媒体と解されるとすれば、それ自体は貿易取引の目的ではなく手段であって、時には目的を達成するうえで大きな役割を演じうるのである。現実の取引に埋没しがちな貿易マンは、案外にコミュニケーションの重要性を忘れがちになってしまう。ここでその役割の重大性を再吟味し、かつその枠組みを構築してみるのもそれなりの価値はあろう。

(1)　対外コミュニケーションが遮断されたならば

もし仮に現在、わが国の国際取引、とくに貿易取引活動において外国郵便、国際電話、国際テレックスなどの対外ビジネス・コミュニケーション網が、一切断ち切れたとするならば、果たしてわが国の経済諸活動はいかなる影響を被るのであろうか。相手国とのコミュニケーションが遮断されるから、おそらくわが国は石油・原材料などを輸入することができなくなるかもしれない。しかも、VTR・半導体・自動車などの輸出はできなくなるだろうし、また円と米ドルの為替相場が分からなくなれば、対外支払い・受取りの決済は不可能となり、為替銀行の機能も麻痺してしまう。結局は、わが国の経済は混乱を招くことは必至である。

わが国は、いまや鎖国した江戸時代のような自給自足の経済に立ち戻り、対外経済交換を全面的に停止するわけにはいかない。平和国家の日本に住み慣れてしまったわれわれには、対外コミュニケーションのストップなぞありえない

だろうし，そのように考えること自体が至極ナンセンスと思いがちでもまたある。しかしながら，だれかが今，核兵器のボタンを押さないという保証は現代の錯綜した国際社会ではないといいきれないように，コミュニケーションの全面停止はありえないと性急には断言もできない。しかも，わが国は郵便，電話などの通信分野において普及し発達しており，世界レベルでも最高水準にあって，われわれにはそれらを利用することをむしろ当然視してしまう嫌いがある。いわば，これらの手段はわが国では空気や水のような存在になっていて，その貢献度についてはどうも看過する傾向が強いようだ。

(2) コミュニケーション手段の移り変わり

ビジネス・コミュニケーションの具体的手段としては，前に述べた外国郵便（レター），国際電話，国際テレックスのほかに，国際電報，国際ファクシミリ，Eメール，面談などといった**言語的媒体**が列挙できる。昨今では，パソコン通信のネットワーク媒体も利用できる。さらに，売り手と買い手が面談するさいに，商品の値段が高いといって両手を広げ，首をすくめて目を白黒させる行為，商品見本や図面などを示す行為，ならびに売り手・買い手の態度——たとえば好意・親密感・信頼感——のような**非言語的媒体**もあげられよう。前者の言語的コミュニケーションの手段は，後者の非言語的なものよりは，日本の貿易取引上で表面的には主体である。

その手段の動向をみれば，表6.1および図6.1のとおり，国際電報通数については，減少の一途をたどり［1972年度（昭和47）以降から減少］，国際郵便物数にしては大幅な増加はないが，完全な減少には至っていない。国際テレックスは，1985年度（昭和60）をさかいにして減少し，国際電話の取扱数については，図6.1が一目瞭然に示しているように，大幅な増加傾向にあり，この増加率は70年代の後半から著しくなった。いわば，これらの通信メディアの増減の傾向は，かつての電報やテレックスは国際電気通信の中心であったものが，現在ではファクスや電話へと移行し，これは専用回線サービスや，データ伝送サービスへの吸収などの結果によるものと想定される。国際郵便分野では，国際ビジネス郵便（EMS）や国際電子郵便などの伸びが目立っているのは，通信の迅速

性が要求される時代だからであろう。

(3) **多角的コミュニケーション——言語的・非言語的媒体——**

　現行の貿易取引のコミュニケーションの手段としては，ファクスやＥメールが主体ではあるものの，今後の動向として話し言葉による方法が，書き言葉を凌駕する趨勢を示しているのではないか。一般的に，国内取引において電話，面談などの媒体の利用度がかなり高く，西ヨーロッパ地域内の海外取引でも電話は頻繁に使用されているし，わが国の今後の貿易取引では同じような傾向になると予想される。

　国内取引と貿易取引における取引費用が相違するから，コミュニケーションの手段が異なるのであって，取引の基本からすれば電話および面談による話し言葉が，まず優先することになろう。レター，テレックス，ファクス，Ｅメールなどの書き言葉は，とくに複雑な貿易取引の場合，話し言葉に追随する可能性が強い。といって，書き言葉が決して重要でないことを意味するのではなく，話し言葉と相互に補完し合い，これらの媒体は多角的・統合的に使用されるということである。書き言葉にせよ，レターよりはＥメールやファクスにみられ

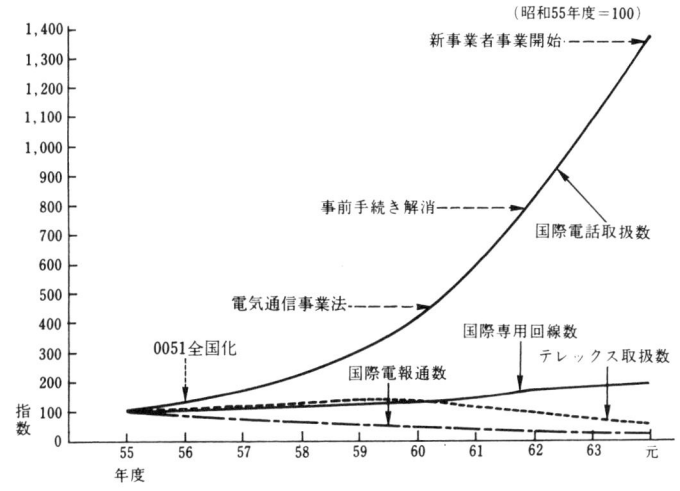

郵政省，KDD 資料により作成。
出所：郵政省編『通信白書』（平成3年版）50ページ。

図6.1　国際通信サービスの変遷

表 6.1 国際通信の動向

区別＼年度	55	56	57	58	59	60
国際電話取扱数（万回）	2,343	2,973	3,808	4,974	6,890	9,563
国際テレックス取扱数（万回）	3,798	4,207	4,569	4,962	5,210	5,017
国際専用回線回線数（回線）	812	836	842	874	961	1,069
国際テレビジョン伝送（回数）	2,559	2,751	3,593	4,607	3,312	4,832
国際電報通数（万通）	334	294	256	215	185	153
国際郵便物数（万通）	22,919	23,419	23,508	23,423	23,934	24,407

区別＼年度	61	62	63	元	2（4-9月）
国際電話取扱数（万回）	13,461	18,954	25,553	32,404	19,146
国際テレックス取扱数（万回）	4,379	3,562	2,714	2,163	874
国際専用回線回線数（回線）	1,149	1,375	1,461	1,552	1,593
国際テレビジョン伝送（回数）	5,546	7,354	10,599	11,197	7,354
国際電報通数（万通）	120	97	80	70	31
国際郵便物数（万通）	24,249	25,775	27,568	29,164	30,847

注） 1. 国際電話，国際テレックス，国際電報については中継信を含む。
　　 2. 元年度以降の国際電話取扱数，国際専用回線回線数は KDD 及び新事業者の合計である。
　　 3. 国際テレビジョン伝送は KDD の国際テレビジョン伝送サービスによる。
　　 4. 国際郵便物数は 2 年度の通数である。
　　 郵政省資料により作成。
出所：郵政省編『通信白書』（平成 3 年版）大蔵省印刷局　1991年　4 ページ。

るように簡略化され，かつ迅速性が要求され，かつそれは取引上の後日における明確な証拠ともなりうる。さらに，これらの通信手段のほかに，映像通信ともいうべき国際テレコンファレンス（teleconference）や，テレビ電話が普及される可能性が強い。

とすれば，これらは話し言葉の聴覚に基づいた言語的媒体であり，しかも相手の物腰などにより判断するといった視覚にも訴える非言語的媒体にもなりうる。しかし，面談がもっとも効果的な媒体であることには変わりない。このよ

うに，将来におけるビジネス・コミュニケーションの手段は，送り手と受け手間においてあらゆる角度からの相互作用の効果をねらう傾向にあると思われる。なぜならば，これが両者のコミュニケーション・ギャップを埋め，相互理解を深めるうえでもっとも有効だからである。マクロ・レベルの国家間の貿易摩擦問題にしても，このコミュニケーション・ギャップが大きな原因の一つとなっている。

2　ビジネス・コミュニケーションとはなにか
(1) ビジネス・コミュニケーションの意味

　明治時代から日本の大学の講義科目の伝統的な貿易商務論とならんで，商業英語がある。現在では，大学によってはビジネス・コミュニケーション，ビジネス・コレスポンデンスなどの呼び方もあるが，基本的には商業英語である。最近では，「異文化コミュニケーション」といった講義科目も出現してきてはいる。しかしながら，第Ⅰ章第4節の(2)ですでに述べたように，日本企業は従来の貿易取引から海外生産に移行し，かつ世界諸国の文化が重視されるようになり，総合的コミュニケーションのあり方が問われ始めているのである。現在のような過渡期の時代には，かならず実学にも重きをおく日本の教育基盤からして，異文化コミュニケーションにしても，しょせん商業英語が軸になっていると考えるのは，いささかいい過ぎなのであろうか。

　ところが，現在では商業英語における英語の書き言葉・話し言葉などの実務上の言語的側面だけでは，その限界がすでにきており，文化的認識に基づく非言語的側面が重要になってきている。また，英語のみの言語ではなくして，ロシア語，中国語，朝鮮語，アラビア語などのあらゆる言語が必要になっている。もちろん，英語を駆使する民族は，世界人口の約5分の1などといわれているし，決して英語を無視することではなく，それはあくまでもベースであって，われわれはその他にもう一つの外国語がどうにか使いこなせなければならない時代に入ったようである。したがって，商業英語の場合には，Business

Communication in English とすればよい。

　コミュニケーション (Communication) とは, *The American College Dicitionary* によれば,「話し言葉や書き言葉, ないし身振りによって考え, 意見, もしくは情報を伝達すること」である。しかし, 取引では単に送り手のメッセージを伝達するだけでは, 十分な効果があるとはいえない。送り手が意図する考え方の真意が, 受け手の心に共鳴感を与えねば効果的ではない。そのような意味からすれば, 単なる考え方の事実だけではなく, その感情が伝達されるべきであろう。したがって,『広辞苑』で定義されている「社会生活を営む人間のあいだに行われる知覚・感情・思考の伝達」のほうが, より的確である。にもかかわらず, この意味だけでは決して十分とはいえない。

　バーロにしても, シャノン・ウィバーによる①Source, ②Transmitter, ③Signal, ④Receiver, ⑤Destination といった伝統的モデルに, とくにプロセスの概念を導入し, いわゆる S (Sender) ─M (Message) ─C (Channel) モデルへ導いた。これは, 送り手と受け手に影響を与える態度, 知識, コミュニケーションの技能, 社会的・文化的システムの要因をも強調し, さらに当事者間の相互作用, 社会システムとの関連性について分析を試みたものである。他方で, とくにビジネス活動では, 受け手（買い手）の反応としての**フィードバック** (Feedback) が重要である。

　したがって, 私的解釈によるビジネス・コミュニケーションとは,「国際取引の諸活動における言語的・非言語的媒体による当事者間の感情・考え方の伝達およびフィードバックの現象, ならびにそのプロセスの効果と規範性」ということになろう。上記の「……そのプロセスの効果と規範性」とは, ビジネスである以上はその効果がなければ, 意味がないだろうし, かつ効果を生むにはいかにあるべきかということである。バーロも指摘しているように, コミュニケーションの理想目標は**相互作用**であるから, 売り手と買い手が相互作用的状況におかれていることは, コミュニケーションの効果が高まることができるのである。売り手と買い手がコミュニケートし続けることは, 売り手に起こることが買い手に起こるといった一定の相互依存関係が生まれる可能性があり, ひ

いては「両者は組織化ないし有機化」される傾向が強くなる。

　売り手ないし買い手の内部組織でも，通常，垂直的・水平的コミュニケーションによって組織体が維持され，さらに組織外部とのコミュニケーションの関係が存在する。極言すれば，企業組織はコミュニケーションを通じて構成されていることになる。企業においてコミュニケーションがなければ，組織自体は存立しえないであろう。国際取引活動では，相互の組織単位にかかわる異質の文化的・社会的環境などの相違があり，しかも母国語がその組織での思考の仕方に影響を与えているし，ノイズ（noise）は国内よりは大きいから，相異なる諸国間のコミュニケーションの果たす役割が，いかに重要であるかが容易に推察される。

　このようなコミュニケーションの効果を高める要素としては，送り手・受け手が相互に伝達し合う技術，態度，知識のレベルなどが指摘できるし，そして組織的風土もしくは雰囲気もそのうちの一つとしてあげられる。たとえば，良好な雰囲気を当事者間でつくりあげるということは，とりわけ非言語的なコミュニケーションが大きく作用し，相互の連帯感のような一定の感情のつながりを醸成することに役立つであろう。

(2) **ビジネス・コミュニケーションの具体例**

　前項で，国際取引，とくに貿易取引にかかわるコミュニケーションの概念を一応定義づけたつもりではあるが，ある意味では非常に抽象的であって，理解しにくい部分があったと思うから，具体例を例示することによってこれを補強したいと考える。まず，フィードバックと相互作用の事例，次にノイズと相互作用の問題を考察してみたい。

　フィードバックの事例としては，売り手（送り手）がテレックスのチャネルを通じて，商品のオファーをし，買い手（受け手）からの回答がなんら得られないときの状況を想定してみよう。売り手は，自己のオファーに対してなんら回答がなければ，おそらくいろいろなシナリオを想像するに違いない。そのシナリオは，オファーした商品の価格，納期の条件などが買い手の条件に合致しないか，十分なその在庫を保持しているのか，それとも買い手側における決定

権をもつ者が不在なのか，とあらゆるその設定を試みるに違いない。ある一定の時期を経ても回答が得ることができなければ，売り手は再度テレックスで連絡を買い手にとるかもしれない。にもかかわらず，回答がなければ，売り手は国際電話の手段に訴えてみることもある。その結果，同じような商品のオファーが，ほかの売り手からより好条件でオファーされていたことが判明し，売り手は即座に価格を下げたり，決済条件をL／CからD／Aに切り替えることを申し出ることがありうる。

　もし仮に売り手と買い手間のコミュニケーションが密であり，相互作用の親密度が高ければ，買い手が他の売り手からのオファーをすぐにも売り手に知らせ，値引き交渉なりを申し入れていたと考えられる。この事例をもってしても，いかに受け手のフィードバックが重要であるかは，言及するまでもないと思う。最初の売り手によるオファーは，単に商品のオファーとして物理的に書き言葉でテレックスのチャネルを経由して伝達されたに過ぎない。そして，国際電話による話し言葉が，オファーに対する回答がなかった原因を突き止めるための一助になった。それは，売り手の考え方が買い手に多少とも感情移入 (empathy) されたことになるが，前もってより強い相互間のきずなが確立されていれば，コミュニーケションの形態自体が変わっていたのかもしれない。単に送り手の考え方を物理的に相手に伝えるだけでは，その効果が弱い。受け手の立場を配慮し，その考え方に至った感情のプロセスを相手に感情移入し，同意を求め説得し送り手が受け手と一心同体となり，そこにはじめて効果的な相互作用による共鳴感が発生しうるのである。

　次に，ノイズの問題についてみてみよう。たとえば，日本の売り手企業とフランスの買い手企業が，初段階で英語によるテレックスの媒体を通じてコミュニケートすると仮定してみる。双方のいずれにとっても英語はともに外国語（Japanese English と French English の交換）であって，おのずと両者間のコミュニケーションのノイズは，大きくなるはずである。しかし，両者がひざ詰めの対面で交渉すれば，従来の英語のテレックスによる書き言葉のほかに，話し言葉はもちろんのこと，身振り・手振り・商品の見本や，図面を見せたりす

る非言語的コミュニケーションが追加され，親密さや好意などが相互に芽ばえ始め，以前よりはノイズが軽減されよう（しかし，嫌悪感となる場合には，ノイズが逆に増大しよう）。いわば，ノイズを低めるには両者間の相互作用を高めることが重要である。また，買い手の売り手に対する信頼感にせよ，非言語的コミュニケーションが大きな部分を占めるのであって，さもなければ何百万ドルもの高額のL／Cを，単に売り手に対し開設する行為に至らぬはずである。つまり，言語的コミュニケーションの裏には，相互作用的な非言語コミュニケーションの蓄積が大きく左右するのである。

3　貿易コミュニケーションのフレームワーク

以上のとおり説明してきた考え方を通じて，国際取引，とくに貿易取引活動におけるビジネス・コミュニケーションとしての貿易コミュニケーションの一般的な分析的フレームワークの予備的モデルを素描してみよう。それは，図6.2のとおり，A組織（送り手，1）B組織（受け手，2），雰囲気（パワー/協力/依存性/期待感/緊密度/信頼感，3），環境（直接/間接環境，4）と設定する。コミュニケーションの媒体（5）とは，レター・Eメール・ファクス・電話・面談などを意味し，フィードバック（6）も加える。

この場合，同図では便宜上一方通行の通信になっているが，貿易取引では相互のコミュニケーションが交換されるから，B組織が発信者側にたてば，A組織は受け手となる。さらに，A・B各組織内部の垂直的・水平的コミュニケーション（それぞれ7/8および7′/8′）のフローをも追加する。雰囲気の要素は，組織単位に直接に影響を及ぼし，環境はその雰囲気を媒介にして連関し合うという想定に基づいている。図6.2(a)は「貿易コミュニケーション・プロセスの前段階」であり，いまだ相互の通信回数が少なく相互作用的な状況ではないことを示唆している。図6.2(b)は「貿易コミュニケーション・プロセスの後段階」であり，通信頻度が増加し，相互作用が深まった状況を示し，貿易コミュニケーションの効果が高くなるわけである。

```
          環
          境
          …
          4

   A組織内部の垂直的          B組織内部の垂直的
   コミュニケーション   雰    コミュニケーション
   …7              囲    …7′
                   気
                   …
                   3

         フィードバック…6

         コミュニケーション
         の媒体…5

   A組織内部の水平的          B組織内部の水平的
   コミュニケーション         コミュニケーション
   …8                       …8′
   A組織…1                   B組織…2
   （送り手）                 （受け手）
   ビジネス・コミュニケーション・
        プロセス前段階
            (a)
```

```
              4

              3

          7  5  7′
          8 6← 8′

        A組織…1  B組織…2
      ビジネス・コミュニケーション・
           プロセス後段階
              (b)
```

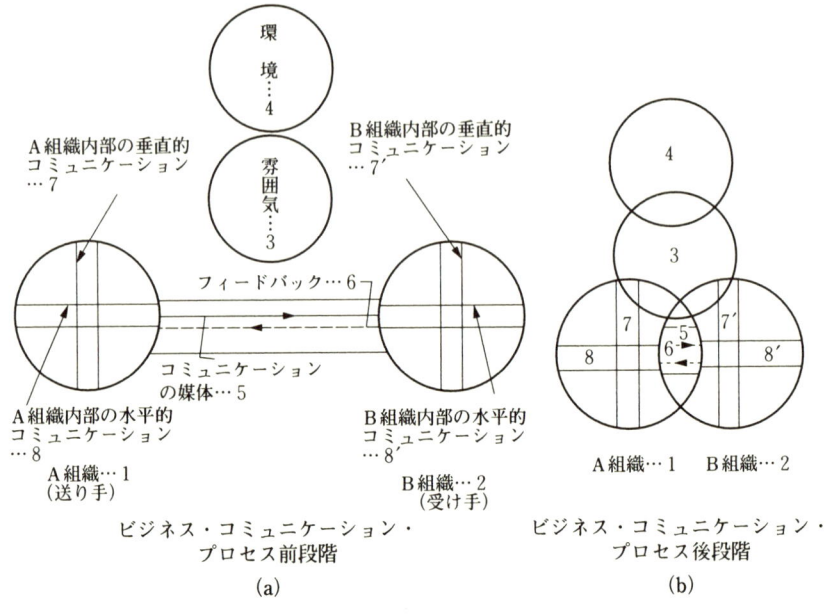

図6.2 ビジネス・コミュニケーションの予備的モデル

前にも述べたように，主体としての経済的組織体ないし企業組織体が，商品の交換といった客体的な行為を達成するがために，コミュニケーションを媒体もしくは触媒作用にして，究極の目的である企業の存続と繁栄のために行動するにほかならない。現実における企業人は，いちいちこのような枠組みを意識して行動しているわけではなかろうが，これを明確に認識することになれば経済的効果は高まると考えられる。

　［以上の考え方は，主に拙稿「ビジネス・コミュニケーションの役割―相互作用モ
　　デルの応用を中心にして―」（文京女子短期大学経営学科『紀要』第3号　1984年）
　　によるものである。］

第3編　応用編

第Ⅶ章　輸出取引の事例

1　VTRの対英向け輸出取引

　日本の売り手企業（輸出者）を日本電子株式会社（Japan Electronics Co.,Ltd., 以下 JEC と略称する），買い手企業を British Electronics Ltd.（以下 BEL と呼ぶ）と仮定しよう。

　この事例は，伝統的な日本からの対英輸出であり，一般的枠組みからすれば，本書の第Ⅰ章第4節の(2)における図1.3「貿易取引の具体的行為のフロー」のA国とB国，同章第5節の(2)における日本企業の「弾力的貿易経営戦略モデル」の図1.5での日本売り手企業（A国）とヨーロッパ型のイギリス買い手企業（B国），第Ⅵ章第3節「貿易コミュニケーションのフレームワーク」の図6.2におけるA組織（送り手）とB組織（受け手）といった二者関係の設定でもまたある。

　取引対象の商品を VTR とする。VTR は，今日の国際市場では韓国，台湾などで生産される低価格のものから，日本で製造される相対的に付加価値の高い高級機器に至るまでの種々の製品ライン（Product Line）が存在する。買い手の BEL は，イギリスにおける市場競争および国際市場での商品に関する情報を完全に熟知していると想定する。現在，BEL は日本製 VTR の高級機器を現地の輸入業者を経由して購入しているのであるが，国内市場の競争が激化し利益率の低落傾向に伴い，より格安の値段で日本から直接に輸入し問題解決をはかろうとする。したがって，BEL は売り手の JEC に対して VTR の購入の可能性について問い合わせた（図1.3の①引合い，inquiry）。引合いを受けた JEC は，自社製品をオファーした（同図②オファー，offer）。具体的には，JEC の社内見積書（Data for Estimate）に基づいて作成した**見積書**（quotation，資料7.1）およびカ

資料7.1　見積書

JAPAN ELECTRONICS COMPANY LIMITED

JEC Building 10-9 1-chome Kuramae Taito-ku, Tokyo 111-0124, Japan
Telephone 03-3864-5111・Telex : J24665 JEC・Cable : JEC TOKYO・Fax No. : 03-3864-5151

QUOTATION No. 4000

Tokyo, February 28, 20--

British Electronics Limited
London, United Kingdom

Item No.	DESCRIPTION	PER	PRICE
		CIF LONDON IN US DOLLARS	
	VHS VIDEO CASSETTE RECORDERS A deluxe Hi-fi VCR with crystal-clear special effect, with wireless remote control, JEC Brand, Model 9000 500 sets/20' cntr × 1	@$570.00	US$285,000.00
	REMARKS: 1. MINIMUM QUANTITY: 500 sets per shipment. 2. PACKING: Standard export packing, double carton packed in 1 set/ 1 carton, 0.05M3/7kgs/15.4 lbs. VTR units should be loaded in a 20' full container. 3. SPECIFICATIONS: AC 240V, 50Hz. manufactured to BS415 specification, Further details are as per attached our catalogue. 4. PAYMENT: By draft at sight under an irrevocable L/C in our favor. 5. TIME OF SHIPMENT: Within three months after receipt of your L/C. 6. INSURANCE: All risks including War risks and S.R.C.C., 110% of invoice value covered.		
	Japan Electronics Co., Ltd. (singed) I. Yamaguchi Export Manager		

— Prices quoted herein are subject to our final confirmation —

資料7.2 回答レター

JAPAN ELECTRONICS COMPANY LIMITED

JEC Building 10-9 1-chome Kuramae Taito-ku, Tokyo 111-0124, Japan
Telephone 03-3864-5111・Telex : J24665 JEC・Cable : JEC TOKYO・Fax No. : 03-3864-5151

February 28, 20--

Mr. E. Goldman
Chairman
British Electronics Limited
100 Newman Street
London WIP 3LA
United Kingdom

Dear Mr. Goldman,

Thank you for your enquiry of February 20, 20--. We take pleasure in submitting our quotation No. 4000 subject to terms and conditions. Our catalogue which includes particulars of all our products, has been sent to you separately.

In compliance with your request, we are offering you our latest and deluxe Hi-fi VCR model. This unit has been carefully selected for good appearance, ease of operation, and technical reliability. We are sure you know that we are backed by a well-established brand name around the world. We are also confident that our price will be competitive for your marketing outlet.

Concerning our payment terms, as a rule we trade on an irrevocable Letter of Credit, under which we draw at sight.

For any information about our credit standing, we recommend you refer to the Kanda Bank Ltd., Tokyo.

If you would have any questions about our offer, please do not hesitate to contact us.

Your immediate reply concerning our products would be deeply appreciated.

                                       Yours sincerely,

                                       Japan Electronics Co., Ltd.

                                       (signed)
                                       I. Yamaguchi
                                       Export Manager
                                       Europe Section
                                       Overseas Sales Dept.

IY:eo
Enclosure: Quotation No. 4000
Separate Cover: Catalogue

タログを**回答レター**（資料7.2）と同封する形式で行った。

【参考】
　＊**オファー（申込み）**
　　オファーとは，通常，申込者が被申込者に一定の条件で契約を成立させる目的をもってなされる意思表示である。貿易取引では，売り申込み（Selling Offer），買い申込み（Buying Offer），逆申込み（Counter Offer，反対申込み）などがあり，単にオファーといった場合には，売り申込みを意味することが多い。売り申込みは，一般的には確定売り申込み（Firm Offer）と不確定売り申込み（Free Offer）に大別される。後者の Free Offer には，①確認付き売り申込み(offer subject to seller's confirmation)，②先売りご免売り申込み（offer subject to prior sale），③未確約の売り申込み（offer without engagement）などがある。売り手の価格表には，頻繁に①が付記されることが多いようだが，これは Firm Offer ではなく，申込みの誘引ないし予備交渉に過ぎない。

　＊ **Estimate, Quotation, Price List**
　　Estimate：価格見積りが quotation よりは絶対的ではなく，申込みの誘引(invitation to treat) を意味することが一般的である。
　　Quotation：特定品目の見積りであって，estimate よりは正式であり，より確定的な売り申込み（offer to sell）を意味する場合が多い。
　　Price List：多品目にわたる見積りに使用されることが多い。

　見積書を受領した BEL は，価格条件の CIF London US＄570.00 の単価では，とうていイギリス市場における競争に打ち勝つには，難しいと反対申込み(図1.3の③逆オファー，counter offer)を**テレックス**（資料7.3）で JEC に対して行った。ただし，現行の単価 US＄570.00から＄550.00に値引きすること（その場合，数量条件を20フィートコンテナ1本分の500台を40フィート1本分の1,100台に増加することを追加条件として），および納期を3ヵ月から2ヵ月に短縮することを要請した。これに答えて，JEC は BEL の提示した価格・数量・受渡し条件について全面的に合意し(同図④承諾，acceptance)，貿易取引契約が取り決められる運びとなった（同図⑤契約の成立）。

　さらに，BEL は，JEC から BEL の提示した条件を承諾する旨の連絡を受け

資料7.3　テレックス

```
7 0011=00752+
JEC J24665
811231 BEL G
7 MAR 20--
TLX NO 11224
ATT: MR I YAMAGUCHI
     EXPORT MGR
     EUROPE SECT
     OVERSEAS SALES DEPT
RE: VCR MDLNO 9000
```

TKS FOR YR LETTER OF 28 FEB W/QUOTATION & CATALOGUE.

WE,HOWEVER,REGRET TO INFORM U THAT YR OFFERING PRICE IS NOT COMPETITIVE ENOUGH TO BE DISTRIBUTED IN OUR MARKET.

WE ARE ONLY READY TO ORDER IF U ACCEPT FLLWING CONDITIONS:

1. WE INCRSE ORDERING QTY LOADED IN A 40FT CNTR INSTEAD OF 20FT ONE PROVIDED U ACCEPT PRICE AT USDLLRS 550.00 EA. PLS ADV EXACT QTY FOR 40FT CNTR.

2. DELIVERY SHOULD BE TWO MONTHS INSTEAD OF THREE MONTHS.

WE HAVE CAREFULLY STUDIED YR PRICE STRUCTURE IN COMPARISON W/THOSE OF OTHER COMPETITORS' VCRS. THE ABV CONDITIONS ARE WHAT WE CAN DO BEST.

PLS CFRM BY RETURN TLX IF U START BUSINESS W/US NOW.

RGRDS

E GOLDMAN

CHAIRMAN

BRITISH ELECTRONICS LTD

811231 BEL G+

JEC J24665

資料7.4 注文書（買い手から売り手へ）

BRITISH ELECTRONICS LIMITED

100 Newman Street
London WIP 3LA England
Telephone : 01-394-1511
Telex : 811231 BEL G
Fax No. : 01-394-1555
Registered No. 478531 England

Supplier: Japan Electronics Co.,Ltd.
JEC Building 10-9 1-chome
Kuramae Taito-ku,Tokyo 111-0124
Japan

ORDER NO. ××××- 7511
Date: March 8, 20--
Our Code No. BEL/444

Art. No.	Description of Goods	Quantity	Unit Price	Total Amount
9000	VHS VIDEO CASSETTE RECORDERS A Deluxe Hi-fi, with wireless remote control	1100 sets@$550.00		US$605,000.
		1100 sets CIF LDN		US$605,000.
	==			
	1. Exactly in accordance with your Quotation No.4000, our telex of 7th March 20--, and your confirmation telex of 8th March. 2. Shipping Marks: must mention model no., destination, etc.			

*** FOR CONDITIONS SEE OVERLEAF ***

Shipment: Latest 20th May,1989

SHIPPING MARKS	SIDE MARKS	SPARE PARTS MARKS

Destination: London via U.K. port

Payment Terms: By irrevocable L/C at sight

Certificate required: Cert. of Origin /×·×·×·×·×·×·×·×

Remarks: (1) Two sets of copy documents to be submitted to
Our forwarding agent, Bark Shipping Ltd.,1-49 York Street, London W1P 3LA, United Kingdom
(3) No alteration to this contract will be accepted without prior approval of

CONFIRMED & ACCEPTED BY SELLERS.

pp
British Electronics Ltd.

(signed)

Authorized Signature with Company Chop

138 第3編 応用編

資料7.5 売約書(売り手から買い手へ)

JAPAN ELECTRONICS COMPANY LIMITED

JEC Building 10-9 1-chome Kuramae Taito-ku, Tokyo 111-0124, Japan
Telephone 03-3864-5111・Telex : J24665 JEC・Cable : JEC TOKYO・Fax No. : 03-3864-5151

CONFIRMATION OF SALES CONTRACT

Order placed by Messrs. British Electronics Limited
100 Newman Street, London W1P 3LA
United Kingdom

DATE March 10, 20--
CONTRACT No. JEC1958/89

Contracted through _____

Agent's Indent No. _____

We, as Seller, hereby confirm having sold to you, as Buyer, the following goods in accordance with all the provisions here of.

CIF LONDON
IN US DOLLARS

```
                VHS VIDEO CASSETTE RECORDERS
                A Deluxe Hi-fi VCR with crystal-
                clear special effect, with wireless
                remote control, JEC Brand, Model 9000
SHIPPING MARKS:        1100 sets      @$550.00    US$605,000.00
                       (40 foot container x 1)
BEL                    (1100 cartons)
MDL 9000
P/O 7511     TOTAL:         1100 sets CIF London....US$605,000.00
LDN VIA UK PORT             =====================================
C/NO. 1-1100
MADE IN JAPAN
REMARKS:
 1. TIME OF SHIPMENT: Within 60 days after receipt of your L/C.
 2. DESTINATION: London via UK port(Southampton/Felixsotwe/Tilbury).
 3. PACKING: Standard Export Packing, 1set packed in each·double carton.
 4. SPECIFICATION: AC 240V 50 Hz. manufactured to BS415 specification.
 5. INSURANCE: All risks including War risks and S.R.C.C.,110 % of invoice
               value covered by us.
 6. TERMS OF PAYMENT: By draft at sight under an irrevocable L/C in our favor.
 7. SHIPPING MARKS: As stated above.
```

ATTACHED SHEETS ARE ~~ANNEXED OR~~ NOT ANNEXED

This Contract includes the general provisions set forth on the reverse side hereof. Please sign and return the duplicate copy to us. Do not make any change in this Confirmation. If any correction is necessary to reflect accurately all the provisions of our Contract, let us know immediately, by telephone or cable, and if we agree that the correction is necessary, we will send a revised confirmation for your signature. This Confirmation will become binding when you sign it, when we do not receive within ten(10) days after you receive this Confirmation your written advice that any correction is necessary, when you give us any instructions relating to this Contract or when you accept delivery of any goods covered hereby, whichever is earlier. This Confirmation shall not supersede any prior agreement between the parties relating to the goods covered hereby until this Confirmation becomes binding in accordance with all the provisions hereof.

Accepted and confirmed by:
Japan Electronics Co.,Ltd.

(signed)

(BUYER) _____   (SELLER) _____

E. & O. E.

たあとすぐに，**注文書**（Purchase Order, P/O, 資料7.4）を発給した。JECは，そのP/Oに基づいて**売約書**（Confirmation of Sales Contract, 資料7.5）を取引条件などの再確認のために作成し，BELに送付した。BELは，JECとの決済条件を荷為替信用状（Documentary Letter of Credit, L/C）によると取り決められているので，信用状を開設する手続きをとった。その**信用状**（資料7.6）を接受したJECは，L/C条件と売約書において相違があるかどうかについて点検した後，約定品を調達する手配を行った（JECの海外事業部は，生産事業部に生産指示書を給付した。もし売り手が商社であれば，対メーカーなどに国内取引の注文書を発行する）。

次に，調達品が準備されれば，JECは税関に輸出申告を行い輸出許可を受け，本船に積み込む手続きを行う（図1.3の⑥通関・船積み）。この機種のVTRは戦略物資（旧ココム）の品目に相当するので，外為法に基づく輸出貿易管理令（昭和24年12月1日　政令第378号／改正　平成3年3月18日　同第37号）第1条の規定により，以前に輸出の許可を要する特定の種類の貨物（輸出令別表第1貨物150）に該当していた。その場合，**輸出（許可・承認）申請書**（別表第1で定める様式T1018）（資料7.7）を通商産業省に提出し許可を得なければならなかった。ただし，現行ではイギリスは当該仕向地に該当しないので，原則としては輸出許可を要しないが，輸出令第1貨物に該当しない旨の「非該当証明」を受ける場合もある。また，他方で本船を選定し，船腹を予約するために船会社に連絡し，その手配を行った。価格条件は，CIFであるので保険会社に貨物の海上保険契約の申込みを行い，**保険証券**（Insurance policy, 資料7.8）を取得した。

約定品が保税地域へ搬入された後，税関に対してインボイス（Inovice），パッキング・リスト（Packing List），**輸出申告書**（資料7.9）などを提出して，輸出申告した。その場合，通常，乙仲が荷主の代行業務を行う。税関から輸出許可を受けた貨物を本船に積み込み，船会社から **B/L**（Bills of Lading, 船荷証券，資料7.10）は，荷主であるJECに発行された。貨物の通関・船積みが完了すれば，次に積荷代金の決済の手続きをとる（図1.3の⑦代金決済）。JECは前述の接受した信用状に定められた**為替手形**（資料7.11），B/L，**インボイス**（資料7.12），**パッキ**

140　第3編　応用編

資料7.6　信用状

THE LONDON BANK LIMITED
LONDON, UNITED KINGDOM

[X] Confirmation of our brief cable/telex of

Cable address	Telex No.	P O Box	Place	Date of issue
	611111	456	LOONDON	15 MARCH 20--

IRREVOCABLE DOCUMENTARY CREDIT	Issuing branch No. LBL-4911	Advising Bank's No.

Advising bank	Applicant
THE LONDON BANK LIMITED 9-15 MARUNOUCHI 5-CHOME CHIYODA-KU, TOKYO 102 JAPAN	BRITISH ELECTRONICS LIMITED 100 NEWMAN STREET LONDON W1P 3LA UNITED KINGDOM

Beneficiary	Amount
JAPAN ELECTRONICS CO., LTD. JEC BLDG. 10-9 1-CHOME KURAMAE TAITO-KU, TOKYO 111 JAPAN	THE SUM OF US DOLLARS 605,000.00 (SAY SIX HUNDRED FIVE THOUSAND UNITED STATES DOLLARS)

Date 27 MAY 20-- Expiry at counters of Advising Bank

Dear Sirs,

We hereby issue this irrevocable documentary credit in your favour which is available by acceptance of your draft(s) at XXXXXXXX sight drawn on THE LONDON BANK LIMITED 115 LITTLE ESSEX STREET, LONDON WC2R 3LF, UNITED KINGDOM for 100% invoice value of goods accompanied by the following documents

Invoice(s) IN QUADRUPLICATE

Full set/XXX original clean "On Board" bill's of lading made out to shipper's order, endorsed in blank, marked "Freight Prepaid" and "Notify BRITISH ELECTRONICS LIMITED, 100 NEWMAN STREET, LONDON W1P 3LA UNITED KINGDOM

[X] Marine Insurance Policy or Certificate for full CIF value plus 10% covering Institute Cargo Clauses (All Risks), Institute War Clauses and Institute Strikes Riots and Civil Commotions Clauses.

Additional Risks:　1100 SETS OF
VHS VIDEO CASSETTE RECORDERS
A DELUXE HI-FI VCR WITH CRYSTAL-CLEAR
SPECIAL EFFECT, WITH WIRELESS REMOTE
CONTROL, JEC BRAND, MODEL 9000　　CIF LONDON

[ ] Insurance covered by buyer covering

Each draft accompanying documents must state: "Presented under credit No. LBL-4911 OF THE LONDON BANK LIMITED, LONDON, UNITED KINGDOM together with the name and credit number of the Advising Bank.

Documents to be presented within 7 days after the issuance of the shipping documents but within the validity of the credit.

Despatch/Shipment/Taking in charge from/at ANY JAPANESE PORT to LONDON VIA UK PORT latest 20 MAY 20--	Partial shipments FORBIDDEN	Transhipment FORBIDDEN

Special conditions (These shall prevail over all printed terms in case of any apparent conflict)

PACKING LIST IN QUADRUPLICATE, CERTIFICATE OF ORIGIN.
SHIPMENT MUST BE EFFECTED IN FULL CONTAINER ONLY.
LONG FORM BILL OS LADING REQUIRED.

[X] continuation sheet(s) attached

We hereby engage that drafts drawn in conformity with the terms of this credit will be duly accepted on presentation and duly honoured at maturity.

Advising bank's notification

It is a condition of this Credit that our preliminary advice dated 18/3/20-- is presented along with the original Documentary Credit for negotiation.

Yours faithfully,

Except to far as otherwise expressly stated, this documentary credit is subject to Uniform Customs and Practice for Documentary Credits (1983 Revision), International Chamber of Commerce Publication No. 400

Place, date name and signature of the advising bank.

FORM 2 IRREVOCABLE

資料 7.7 輸出（許可・承認）申請書

別表第一
T1018

根拠法規	輸出貿易管理規則第1条第1項
主務官庁	通　商　産　業　省

輸出（許可・承認）申請書

通商産業省大臣又は＿＿＿＿＿税関長殿

※許可又は承認番号	
※有　効　期　限	

申請者
　記名押印
　又は署名＿＿＿＿＿＿＿＿＿　　　申請年月日＿＿＿＿＿＿＿＿＿
　住　　所＿＿＿＿＿＿＿＿＿　　　電話番号＿＿＿＿＿＿＿＿＿

次の輸出の　{ △ 許可を外国為替及び外国貿易法第48条第1項
　　　　　　　△ 承認を輸出貿易管理令第2条第1項第　号（及び第　号） } の規定により申請します。

取引の明細
(1) 買主名＿＿＿＿＿＿＿＿＿　　　住　所＿＿＿＿＿＿＿＿＿
(2) 仕向地＿＿＿＿＿＿＿＿＿　　　経由地＿＿＿＿＿＿＿＿＿
(3) 商品内容明細

商品名	型及び等級	輸出貿易管理令		単位	数量	価格	
		別表第1貨物番号	別表第2貨物番号			単位	総額
					計		計

（ただし，数量及び総額が　％増加することがある。）

※許可・承認又は不許可・不承認

この輸出 { 許可 / 承認 } 申請は，　{ 外国為替及び外国貿易法第48条第1項 / 外国為替及び外国貿易法第67条第1項 / 輸出貿易管理令第2条第1項第　号（及び第　号） / 輸出貿易管理令第　条第　項 } の規定により

許可・承認	する。
許可・承認	しない。
次の条件を付して	許可する。
	承認する。

条件

　　　　　　　　　　通商産業大臣又は税関長の記名押印
　　　　　　　　　　　　日　付＿＿＿＿＿＿＿＿＿
　　　　　　　　　　　　資　格＿＿＿＿＿＿＿＿＿
　　　　　　　　　　　　記名押印＿＿＿＿＿＿＿＿＿

(裏面)

通関

税関申告番号	商品名	船積数量	送状金額	積出港	通関月日	税関記名押印

注 (1) ＊印の欄は，記入しないで下さい。
　 (2) △印のうち不必要なものは抹消してください。
　 (3) 記載事項は，やむを得ない場合には，英語で記入しても差し支えありません。
　 (4) 用紙の大きさは，A列4番とします。
　 (5) この申請書は，輸出貿易管理令第1項第三号に該当する場合には，使用できません。
　 (6) 貨物の輸出について許可及び承認（輸出貿易管理令第2条第1項第三号に該当する場合を除く。）の両方が必要な場合にも，輸出許可申請書及び輸出承認申請書を別々に提出する必要はありません。

資料7.8　保険証券

AIU INSURANCE COMPANY

FACSIMILE 03-3769-5641 TOKYO
TELEX J28285 (AIUTOK) TOKYO

POLICY OF MARINE INSURANCE

POLICY No. MC-4123951

Assured Name:

Claim, if any, payable in the same currency as the draft at London
through
B.C. Jones & Co.
Mark Building, 50 Mark Street
London EC3R 7EL
Phone: 01-230-5161

Notify any claim to

Invoice No. 1911/89　　(Prov. No.　　　)
Amount Insured
CARGO　US$665,500.00
DUTY
Conditions—
All Risks including War Risks and
S.R.C.C. Risks

In Container Under &/Or on Deck:*

Local Vessel or Conveyance: Truck
Ship or Vessel called the: "Osaka Maru"
At and from: Tokyo
Arrived at: London via Southampton

From (interior port or place of loading): Yokohama
Sailing on or about: May 15, 20--
Transhipped at:
Thence to:
By Customary Connecting Conveyance

Goods and Merchandises:
1,100 cartons
1100 sets of
VHS VIDEO CASSETTE RECORDERS
A Deluxe Hi-fi VCR with
crystal-clear special effect,
with wireless remote control,
JEC Brand, Model 9000

Subject to the following Clauses as per back hereof:
Institute Cargo Clauses
Institute War Clauses (Cargo)
Institute Strikes Riots & Civil Commotions Clauses
Institute Theft, Pilferage and Non-Delivery (Insured Value) Clause
Institute Replacement Clause (applying to machinery)
Duty Clause (applying only to import duty insured)
Institute Radioactive Contamination Exclusion Clause.

Marks and Numbers as per Invoice No. specified as above.
Valued at the same as Amount insured.
Place and Date signed in: Tokyo, Japan　May 10, 20--
No. of Policies issued　　Typist Initial

SPECIMEN

VESSEL

207-20 3-91 6×25,000 (K) P 7288028

For AIU INSURANCE COMPANY
Authorized Signatory

144　第3編　応用編

資料7.9　輸出申告書

	税関様式C第5010号

輸　出　申　告　書

Tokyo Customs
あて　Ohi Branch Office　長殿

申告年月日　May 8, 20--
積込港　Tokyo
積載船(機)名　Osaka Maru
出港予定年月日　May 15, 20--
仕向地　London, United Kingdom

輸出者住所氏名印
Japan Electronics Co., Ltd.
JEC Bldg. 10-9 1-chome Kuramae
Taito-ku, Tokyo 111-0124

通関業者
株式会社　東　京
通関部東京事業所
責任者氏名　山本五郎
東京都大田区西水1-5-4
代理人住所氏名印　TEL 3790-4511㊞

申告番号	230-8500-(B)
積込港符号	
船(機)籍符号	4
貿易形態別符号	518
仕向国(地)符号	205
輸出者符号	88888
(調査用符号)	

蔵置場所　Tokyo Ohi Soko B/S

品　名	統計品目番号	単位	数量	申告価格(F.O.B.)	(調査欄)
(1) VHS Video Cassette Recorder Model No. 9000 (Hifi, Crystal-clear effect, with wireless remote control, JEC Brand)	8521.10-000	NO KG	1,100 7,000	82,901　350　円	
(2)				円	
(3)				円	
			CIF	US$605,000.00	

個数、記号、番号、外国産品のときは生産地

1,100 cartons
in container
BEL
MDL
P/O 7511
LON VIA UK PORT
C/NO. 1-1100
MADE IN JAPAN

「外国為替及び外国貿易管理法」及び「輸出貿易管理令」関係
外国為替及び外国貿易管理法48条第1項　X　150項
輸出貿易管理令第1条第1項別表第1の　　項
輸出貿易管理令第1条第2項別表第1の　　項
輸出貿易管理令第2条第1項第　号別表第2の　　項
輸出貿易管理令第4条第　項別表第　の　(号)
輸出許可証又は輸出承認証若しくは輸出代金支払方法確認証の番号

申告書　　枚
添付書類(輸出貿易管理令関係を除く。)
仕入書　X　(有)
輸出検査証明書
輸出取引承認書
その他関税法第70条関係許可・承認書等(法令名)

許可印・許可年月日

関税定率法、関税暫定措置法
第　条　項　号関係
内国消費税
輸出免税(還付金)関係

※積込年月日

保税運送
区分　陸路、海路、空路　※承認　第　条　項　号
期間　　年　月　日から
　　　　年　月　日まで

※受理　※審査

※税関記入欄
1　検査場検査
2　現場検査

※通関士記名押印

(注1)　※印の欄は記入しないで下さい。
「不服申立てについて」　この申告に基づく処分について不服があるときは、その処分があったことを知った日の翌日から起算して2月以内に税関長に対して異議申立てをすることができます。

(関税局照会済、日本通関業会連合会)

資料7.10　B/L（船荷証券）

(Forwarding Agents)

Shipper
JAPAN ELECTRONICS COMPANY LIMITED
TOKYO, JAPAN

B/L No.
ABC-007

ABC LINE
COMBINED TRANSPORT BILL OF LADING

Consignee
TO ORDER OF SHIPPER

Notify Party
BRITISH ELECTRONICS LIMITED
100 NEWMAN STREET
LONDON W1P 3LA

RECEIVED in apparent good order and condition except as otherwise noted the total number of Containers or other packages or units enumerated below(*) for transportation from the place of receipt to the place of delivery subject to the terms hereof. One of the original Bills of Lading must be surrendered duly endorsed in exchange for the Goods or Delivery Order. On presentation of this document (duly endorsed) to the Carrier by or on behalf of the Holder, the rights and liabilities arising in accordance with the terms hereof shall (without prejudice to any rule of common law or statute rendering them binding on the Merchant) become binding in all respects between the Carrier and the Holder as though the contract evidenced hereby had been made between them.
IN WITNESS whereof the number of original Bills of Lading stated below have been signed, one of which being accomplished, the other(s) to be void.

Pre-carriage by.	Place of Receipt
	TOKYO, CY

Ocean Vessel	Voy. No.	Port of Loading
"OSAKA MARU"	98/415	TOKYO, JAPAN

Port of Discharge	Place of Delivery	Final destination (for the Merchant's reference only)
SOUTHAMPTON	LONDON, CY	

Container No. Seal No.; Marks & Nos.	No. of Containers or P'kgs	Kind of Packages; Description of Goods	Gross Weight	Measurement
ABCU-791177-1 ABC LEA SE 957 ================ 1100 CARTONS BEL MDL 9000 P/O 7511 LDN VIA UK PORT C/NO. 1-1100 MADE IN JAPAN		"SHIPPER'S LOAD & COUNT" " SAID TO CONTAIN" 1100 SETS OF VHS VIDEO CASSETTE RECORDERS A DELUXE HI-FI VCR WITH CRYSTAL-CLEAR SPECIAL EFFECT, WITH WIRELESS REMOTE CONTROL, JEC BRAND, MODEL 9000 "FREIGHT PREPAID" "L/C NO. LBL-4911"	============ 7,700KGS	============ 55.000M3
(*)TOTAL NUMBER OF CONTAINERS, PACKAGES OR UNITS (IN WORDS)		SAY: ONE(1) CONTAINER ONLY.- OR ONE THOUSAND ONE HUNDRED(1100) CARTONS ONLY.-		

FREIGHT & CHARGES	Revenue Tons	Rate	Per	Prepaid	Collect
BASE FREIGHT	40' × 1	($4,130.00 CN)		$4,130.00	
BAF			-0.46% 60.50%	19.00 $2,498.65	
OIC.	40' × 1	£170.00		STG £170.00	

	Ex. Rate	Prepaid at	Payable at	Place of B(s)/L Issue	Dated
ICS B/L	●	Tokyo, Japan Total Prepaid in Local Currency	Number of Original B(s)/L THREE(3)	Tokyo, Japan ABC CO., LTD.	May 15, 20--

Laden on Board the Vessel	
Date May 15, 20--	By

Form No. C-1003　(JSA STANDARD FORM A)　　(TERMS CONTINUED ON BACK HEREOF)

資料7.11　為替手形

No. JEC1958/89

BILL OF EXCHANGE

Tokyo, May 15 20--

For U.S. $605,000.00

At xxxxxxxxxxxxxxxxxxxxx sight of this FIRST of Exchange (Second of the same tenor and date being unpaid) Pay to The Kanda Bank Limited, Tokyo _____ or order the sum of U.S. DOLLARS SIX HUNDRED FIVE THOUSAND ONLY _____

Value received and charge the same to account of British Electronics Ltd., 100 Newman Street, London-WIP-3LA, U.K.

Drawn under The London Bank, Limited, London, United Kingdom dated March 15, 20--

L/C No. LBL-4911

To The London Bank, Limited
115 Little Essex Street
London WC2R 3LF, United Kingdom

Japan Electronics Co., Ltd.

(signed)

I. Yamaguchi
Export Manager

資料 7.12　インボイス

JAPAN ELECTRONICS COMPANY LIMITED
JEC Building 10-9 1-chome Kuramae Taito-ku, Tokyo 111-0124, Japan
Telephone 03-3864-5111・Telex : J24665 JEC・Cable : JEC TOKYO・Fax No. : 03-3864-5151

INVOICE

Tokyo, May 15, 20--

No. 1911/89　　　　Contract No. JEC1958/89

INVOICE of Model No. 9000, VHS Video Cassette Recorders

Shipped by the undersigned from Tokyo, Japan to London via Southampton
Per "Osaka Maru" on or about May 15, 20--
For account and risk of Messrs. British Electronics Limited, 100 Newman Street London WIP 3LA, United Kingdom

Marks & Nos.	Quantiy	Description	Unit Price	Amount
			CIF LONDON IN US DOLLARS	
BEL MDL 9000 P/O 7511 LDN VIA UK PORT C/NO.1-1100 MADE IN JAPAN 　 	 1100 sets	1100 sets of VHS VIDEO CASSETTE RECORDERS A Deluxe Hi-Fi VCR with crystal-clear special effect, with wireless remote control, JEC Brand, Model 9000	 @$550.00	 US$605,000.00
	1100 sets	TOTAL CIF London in US Dollars........		US$605,000.00
		==		
		(1100 cartons, one 40 foot container) "Freight Prepaid" "L/C no.LBL-4911" 　　　　　　　　Japan Electronics Co., Ltd. 　　　　　　　　(signed) 　　　　　　　　I. Yamaguchi 　　　　　　　　Export Manager		

- E. & O. E. -

資料7.13　パッキング・リスト

JAPAN ELECTRONICS COMPANY LIMITED
JEC Building 10-9 1-chome Kuramae Taito-ku, Tokyo 111-0124, Japan
Telephone 03-3864-5111・Telex : J24665 JEC・Cable : JEC TOKYO・Fax No. : 03-3864-5151

PACKING LIST

Tokyo, May 15, 20--
Invoice No. 1911/89

PACKING LIST of Model No.9000, VHS Video Cassette Recorders Contract No. JEC1958/89
Consignee: British Electronics Limited, 100 Newman Street, London W1P 3LA
United Kingdom
Shipped from Tokyo , Japan to London via Southampton
Per "Osaka Maru" on or about May 15, 20--

Shipping Marks and Package NNos.	Description	Number of Packages	Quantity	Weight (kgs)		Measurement
				Net	Gross	(M3)
	1100 sets of VHS VIDEO CASSETTE RECORDERS A Deluxe Hi-Fi VCR with crystal-clear special effect, with wireless remote control, JEC Brand, Model 9000					
BEL MDL 9000 P/O 7511 LDN VIA UK PORT C/NO.1-1100 MADE IN JAPAN	VTR Model 9000	@1 carton 1100 cartons	@1 set 1100 sets	@7kgs 7700kgs	@0.050 M3 55.000 M3	
	TOTAL:	1100 cartons	1100 sets	7700kgs	55.000 M3	

==

(1100 cartons, one 40 foot container)

"Freight Prepaid"
"L/C No.LBL-4911"

Japan Electronics Co.,Ltd.

(signed)

I. Yamaguchi
Export Manager

— E. & O. E. —

資料 7.14　原産地証明書

東京商工会議所　原産地証明書

CERTIFICATE OF ORIGIN issued by THE TOKYO CHAMBER OF COMMERCE & INDUSTRY Tokyo,　Japan	No. and Date of Invoice 1911/89 May 9, 20--	TCCI Ref. No.　-1001- A12569
Buyer British Electronics Limited 100 Newman Street London W1P 3LA United Kingdom	**Country of Origin** JAPAN	**Country of Destination** UNITED KINGDOM
Consignee (if other than buyer)	**Remarks** "Freight Prepaid"	
Means of Transport and Route Shipped per　　　　On or about "Osaka Maru"　　May 15, 20-- From　　　　　　　Via Tokyo, Japan To London via Southampton	**Terms of Payment** L/C No. LBL-4911 Payment: L/C at sight	

Marks and Numbers	Number and Kind of Packages; Description of Goods	Quantity
BEL MDL 9000 P/O 7511 LDN VIA UK PORT C/NO.1-1100 MADE IN JAPAN	1100 sets of VHS VIDEO CASSETTE RECORDERS A Deluxe Hi-Fi VCR with crystal-clear special effect, with wireless remote control, JEC Brand, Model 9000	1100 sets
	Packed in 1100 sets cartons, cont'g 1 set each Total: 1100 sets (1100 cartons)	

Declaration by the Exporter The undersigned, duly authorized by the company, swears that the above mentioned goods have been produced or manufactured in Japan. Place and Date: Tokyo, May 10, 20-- Japan Electronics Co., Ltd. (signed) I. Yamaguchi Export Manager	Certification The Tokyo Chamber of Commerce & Industry hereby certifies, on the basis of relative invoice and other supporting documents, that the above mentioned goods are of Japanese origin to the best of its knowledge and belief. The Tokyo Chamber of Commerce & Industry
Name and Signature of the Exporter	No., Date, Signature and Stamp of Certifying Authority

150　第3編　応用編

資料 7.15　信用状付輸出手形買取依頼書

APPLICATION FOR NEGOTIATION OF DOCUMENTARY BILLS (WITH L/C)

TO: THE KANDA BANK, LTD.

PLEASE NEGOTIATE THE FOLLOWING DRAFTS AND DOCUMENTS UNDER THE PROVISIONS OF THE AGREEMENT PREVIOUSLY SUBMITTED TO YOU, AND CREDIT THE PROCEEDS TO OUR ACCOUNT WITH YOU.

IN CASE OF NEEDS, PLEASE CONTACT MR. Sato　TEL (03-864)-5111

DATE May 15, 20--

Japan Electronics Co., Ltd.

(signed)

APPLICANT	Japan Electronics Co., Ltd., Tokyo, Japan	
DETAILS OF DRAFT(S)	NO. JEC1958/89　AMOUNT US$605,000.00	
	TENOR OR MATURITY at sight　(DUE ON　　)	
	DRAWER (APPLICANT と異なる場合) Japan Electronics Co., Ltd., Tokyo, Japan	
LETTER OF CREDIT	NO. LBL-4911　EXPIRY DATE May 27, 20--	
	ISSUED BY The London Bank Ltd., London, UK	
	ACCOUNTEE (BUYER) British Electronics Ltd., London	
DETAILS OF SHIPMENT	MERCHANDISE VTR	
	FROM Tokyo　TO London　PER "OsakaMaru"	
	B/L DATE May 15,--　B/L NO. ABC-007	

DOCUMENTS ATTACHED

	DRAFT	INV	C.INV.	B/L	AWB	INS. POL.	PKG. LIST	INSP. CERT.	W/M. CERT.	CERT. ORIG.
NO.	2	4	3	2		4				
E/D										

EXCHANGE CONTRACT　NO.　AMOUNT　RATE

PROCEEDS TO BE PAID IN: ☐YEN ☐DRAFT CUR　CREDITED TO: ☐CURRENT A/C ☐SAVINGS A/C (NO.　)

(REMARKS)

DISCREPANCY　☐ L/G HOLD　☐ CABLE
　　　　　　　　　EXTEND　　　NEGOTIATION

ング・リスト（資料7.13），**原産地証明書**（資料7.14）などの要求書類を買取銀行に提出し，かつ買取りを依頼する**信用状付輸出手形買取依頼書**（資料7.15）をも添付した（以上の貿易決済については，第Ⅴ章を参照）。

　一応，ここで輸出者としては実務的に本契約の取引は完了した。ただし，この後輸入者側の荷為替手形の最終的な決済が行われねばならない。他方で，買い手は積荷を引き取った後に，実際の貨物が取引条件と相違しているときには，ただちに売り手に対して異議の申立てを行う（図1.3の⑧貿易クレーム，Trade Claim）。

　売り手はその申立てについて吟味し，売り手側の過失であると判明されれば，なんらかの措置を講じなければならない（同図⑨クレーム処理）。クレーム問題の解決をはからないかぎり，一般的には再注文には至らない（同図⑩契約の反復）（取引の常規化）。本事例では，BEL は VTR と一緒に包装された取扱説明書（Instruction Manual）が指示したとおりではない，とクレームをつけた。事実，JEC のミスであることが判明されたので，説明書を訂正し，印刷しなおし BEL に送付した。しかも，JEC は BEL の要求どおり，BEL 側で包装箱の説明書を取り出したものと入れ替えを行う再包装する費用として，1台あたり US＄3.00 の1,100台分の総額＄3,300.00を送金し，クレームを処理した。一応ここで，実質的に初回の取引は終了した。その後，BEL から VTR の再注文を受けた。

第VIII章 三国間貿易と国際マーケティング

1 日本企業の貿易取引活動の外延的拡大

　1985年9月のG5（先進5ヵ国蔵相会議）におけるプラザ合意以来の米ドルに対する円高基調によって，とくに日本の寡占的製造企業の対アジアNIEsなどへの直接投資が目立っている。

　これは，一つには日本企業が輸出活動によって差別化された製品を海外の流通機構にのせてきた優位性を保持しているから，円高による費用条件の変化が，企業の直接投資の誘因になったのである。また，この現象はS.Hymer(1976)が貿易と対外事業活動の相関性について指摘しているとおりであり，基本的には，伝統的な経済学の比較優位の原則が今日でも作用している証左といえる。つまり，わが国でその製品を生産する比較優位性を喪失してしまったので，わが国企業はこれらの海外基地を輸出代替の生産拠点として，一般的な貿易取引における当事者間の二者関係から，三者関係の三国間貿易取引契約に基づいて，従来の買い手企業に対して差別化された製品を供給することができるのである。

　たとえば，某家電メーカーの場合，昨今の円高によってとくに14インチのカラーテレビの日本生産での採算性が合わなくなり，シンガポールの自社工場の生産に切り替えた。これは，おもに中近東，アフリカ，アジア市場などにおける従来の顧客に対しての供給分に充当された。他方の欧米諸国市場などについては，すでに貿易摩擦問題により，現地生産していたので，日本からの輸出分を現地工場からの供給にスイッチすればよかったわけである。いわば，この企業は欧米市場については，現地の生産・販売活動のマーケティング戦略を主体としていたから，円高によってあまり影響を受けなかったのである。問題は日本生産の供給市場である主に中近東諸国などであった。しかし，これらの市場

もシンガポール工場での生産に基づく供給によって問題解決をはかった。この場合，従来の顧客との取引交渉，契約の取り決め，代金決済などについては，日本本社の海外事業部が担当し，いわゆる三国間貿易取引の形態をとり，品質よりは価格条件のほうが優先された。

　周知のように，三国間貿易は元来，わが国では日本商社によって活発に展開されてきたものである。しかし，今日ではこの事例にもみられるように，わが国のメーカーが海外生産拠点を軸として，日本からの部品輸出および生産拠点からの完成品の対日輸入，ならびに三国間貿易など，いわば**海外生産プラス貿易取引活動の外延的拡大**といった現象が顕著になっている。本章では，日本企業特有の**輸出・多国籍的マーケティング**ともいうべき現象を考慮に入れながら，三国間貿易取引に焦点を絞り，かつ三国間貿易契約にかかわる三国企業間における販売契約書・買付契約書，信用状，船荷証券などの標準化，慣行化された実務上の書類を検討し，分析することによって三国にまたがる企業のマーケティングでいう売り手・買い手間の交換関係や行動特性について着目し，なんらかの規則性を探ることに努力したいと思う。この一部については，すでに第Ⅰ章第6節で述べており，多少重複する部分がある。

　しかし，ここで留意すべきことは，船荷証券，標準契約書など，ならびにマーケティングの交換関係などとを論理的に結びつけることについてである。この場合，一定の業界で一般的に受け入れられるようになった行動様式であるいわゆる取引慣習をもって，両者を結びつける**媒介項**とみなすことができるのではないかと考えられる。けれども，取引慣習と標準契約書は，従来同一なものではないし，標準契約書を作成するにあたっては，少なくとも取引慣習が考慮され，それが固定化してしまうが，取引慣習はたえず変化することである。

　したがって，この論理設定には当然に限界があるかもしれない。しかし，あえて妥当するものとして検討を行う。まず，第2節で，三国間貿易取引および国際マーケティングにかかわる概念との関連性について明確にし，次に第3節で，三国間貿易契約の一事例を取り上げ検討し，最後になんらかの国際マーケティングへの仮説を導出し，マクロ・ミクロの接点を求めることを本章の目的

としたい。

2　三国間貿易取引と国際マーケティングとの関連性

　三国間貿易というと，通常，商社の本邦店，海外支店，現地法人などが，日本以外の第三国の貨物などを外国相互間で移動させる取引に，なんらかの取引形態をもって関与することであろう。

　本邦店で行ういわゆる仲介貿易，中継貿易なども含むし，海外店の対外輸出入取引などを意味することが多い。海外店の地場取引や対日輸出入などを除外することが一般的のようだが，確定的な概念統一はないのが現状である。また，三国間貿易はわが国特有の取引であるといわれることも多いし，西欧でもたとえば，古くは東インド会社の香料などを輸入して，ヨーロッパ諸国に再輸出した仲介貿易や，countertrade にみられるような triangular compensation, switch trade の主に決済上の問題に基づいた三国間にまたがるような三国間貿易もある。しかし，わが国では商社を中心として第二次世界大戦以前および以降（以下，戦前・戦後という），それが活発に展開されてきたことは事実であり，最近ではメーカーによる三国間貿易が顕著になってきている。

　以上のとおり，三国間貿易の明確な概念が統一されていないものの，わが国の貿易管理制度による仲介貿易の場合には，法省令などにおいて規定されており，より確定的であるので，これに基づいて考察する必要がある。仲介貿易は，一般的にいえば，A 国の買い手とわが国の売り手（B 国）が物品の売買契約を結び，さらに C 国の荷送人からその物品を購入し，それを直接に A 国の買い手に対して運送させることである。つまり，A 国に対して売り手であり，C 国に対して買い手であるわが国の仲介者は，A 国の買い手に対する販売金額と C 国の荷送人との買付金額の差額を収益とする。特殊決済方法に関する省令（昭和55年11月28日　大蔵省令第48号）第 2 条 4 号においては，「外国相互間における貨物の移動を伴う貨物の売買に関する取引」としている。また，貿易保険法（昭和25年 3 月31日　法律第67号）第 1 条の 2 第12項によれば，仲介貿易

契約について「本邦法人又は本邦人が一の外国の地域において生産され，加工され，又は集荷される貨物を他の外国の地域に販売し，又は賃貸する契約であって，政令で定める事項についての定めがあるものをいう」と規定し，貨物の販売のみならず，賃貸のサービスまでを含めている。さらに同法（第1条の2第13項）によれば，仲介貿易者について「仲介貿易契約の当事者であって，貨物を販売し，又は賃貸するものをいう」と定めている。

原則的にいえば，わが国の居住者が本邦への通関行為がないかぎりで「外国相互間で貨物等を移動させること」および「その移動に伴う売買契約等の当事者になること」の条件を具備することが，仲介貿易取引といえる。また，貨物が日本の港で仮陸揚げされ，ほかの船舶に積み換えられる場合は，本邦で輸入手続きの通関行為がないし，外国相互間で物品が移動し，契約当事者であれば，仲介貿易とみなされる。貨物を輸入通関し，再輸出することは，中継貿易であって，仲介貿易ではない。他方で，通常の仲介貿易の形態をとるが，決済のみがA国の買い手とC国の荷送人のあいだで直接に行われ，わが国の売り手が売買差額のみを受け取る場合でも仲介貿易とみなされる。ただし，契約の当事者にならずに単に差益のみを受け取れば，仲介貿易とはみなされない。かつまた，本邦以外の外国の同一国内において貨物が移動するいわゆる地場取引の場合には，外国相互間で貨物が移動しないので，仲介貿易とは認められない。

次に，国際マーケティングの概念について検討する。前述したように，三国間貿易は通常，海外支店などの地場取引や対日輸出入取引を含まないのである。国際マーケティングのlogisticsの観点からすれば，もっとも重要な戦略的取引といえる。しかし，前節で指摘した「海外生産プラス貿易取引活動の外延的拡大」といった貿易取引の基本的な視点にたてば，これらすべての諸活動を包合することができる。地場取引にしても，わが国の国境を越えて生産要素が移動する現地の生産・取引とすればよいわけであろう。

いわば，わが国特有の史的背景のもとに，戦前・戦後に展開されてきたわが国の貿易取引活動のなかに，アメリカでいう国際マーケティングとは違ったプロセスが含まれていることである。とくに，少なくとも今日まで，わが国は前

に述べた「輸出・多国籍的マーケティング」の段階にあるのであって，今後は本格的な多国籍マーケティングの段階に入るのではないかとするのが，筆者の主張である。事実，わが国はアジア NIEs などを経て，欧米諸国市場へのいわゆる「迂回輸出」がいまだなお多い。つまり，先輩諸氏が主張する，日本企業の輸出志向の「貿易マーケティング」といった見解は，決して軽んじられるべきではなく，むしろわが国の対外進出活動における脆弱性と特殊性を示唆しているにほかならない。

他方で，ヨーロッパ文化を背景として培われたアメリカでは，その特殊事情から派生したともいうべきマーケティングは，主として国内市場を中心として発展してきた。国際マーケティングにしても，もちろん文献などは戦前にもあったが，本格的に大学教育で取り入れられるようになったのは，1960年代であって，それ以前はいわゆる貿易実務の段階であった。アメリカに，そもそもマーケティングが1900年代の初期に登場するようになったのは，農産物などの流通段階における中間業者の問題が，一つの契機となったことだ。当時の経済学から決別し，マーケティングの独立した分野を確立するための模索の時期でもあって，今日でもなお形式的には，あたかも基本的に合意したかのようであるが，理論的には確立したとはいいがたい。しかしながら，少なくとも時間効用・場所効用にかかわる時空間的価値を創造する物品の物理的移転や品揃えといった観点からすれば，マーケティングは，大きく貢献したことは否定できない。中心的な課題は，所有効用の議論についての問題に焦点がおかれ，いかに経済学でいう価値分配の問題との関係を切り離し，マーケティング独自の論理的枠組みのなかに取り込むかにあろう。

貿易取引からみれば，周知のように，所有権の問題は，将来において売主が物品の所有権の移転を行うならば，買主がその物品給付の対価である通貨の反対給付を約する有償・双務交換であって，売買という法的形式をもって実現され，その契約に基づいて実際の取引交換が行われるかに関連している。しかも，当事者間の絶対的に，かつ無条件の合意に基づくはずの諾成契約であるから，契約どおりに両者がおのおのの義務を履行すれば，なんら問題がない。しかし

第Ⅷ章　三国間貿易と国際マーケティング　157

ながら，現実の貿易取引では，売主・買主間の physical　distance や，psychic distance などの要因によって，契約どおりにいかないことが多いことである。

　上記に述べた所有権の移転にかかわる物品売買契約といった視点からのわが国における貿易取引研究は，戦前および戦後の1950年代頃までもっとも顕著であったかのようである。事実，上坂酉三教授(1960) は，当時台頭しつつあったわが国のマーケティング研究について販売管理や販売促進の部分を強調しすぎ，売買契約が軽視されがちであったと警告している。他方で，日本企業の場合，たとえばトヨタが58年にアメリカ市場に288台の自動車を輸出し，その品質，価格条件の問題に遭遇し，失敗に帰したわけである。しかしながら，65年に再度対米市場に進出し成功を収めた。その要因は，品質，価格はもとより流通チャネル，TV スポットによる広告，予備部品の在庫やアフター・サービスなどによったという。いわば，トヨタの58年における対米進出は，単なる貿易取引活動であって，65年のそれはいわゆるマーケティング・ミックスを意識した輸出マーケティング戦略であったといえなくもない。とくに，P. Kotler (1985) は，これを称して日本企業のアメリカ・マーケティングの模倣および踏襲であると主張している。確かに，トヨタは TV スポットなどの広告のやり方を模倣したのかもしれないが，すべての方法をまねしたわけではない。

　この場合，むしろ戦前・戦後においてわが国で培われてきた貿易取引の手法を拡大したといったほうが，適切ではないかと思われる。というのは，V.Terpstra (1978) が，国際貿易と国際マーケティングの差異について，とくにマーケティングの諸活動における販売・買付活動，物流，価格設定の側面では，両者は共通に存在しているとし，市場調査，製品開発，販売促進は前者の貿易では一般的にはないが，後者にはあるとし，流通チャネル管理は，貿易にはまったくないといっているからだ。いわば，貿易取引活動には，現地生産・戦略的な販売活動がなく，波打ち際の取引を主体とするから，海外市場における流通チャネル管理がないとするのであろう。留意すべき点は，戦略的な市場調査，販売促進などが一般的にはないが，ありえるということも示唆している。とすれば，これは上記のトヨタの成功事例が，従来のわが国における貿易取引活動

をもってしても,可能であった証左ではないかと考えられたのである。ただし,問題は流通チャネル管理の側面であり,この部分が所有権の移転の問題と大きくかかわってきている。

前にも述べたように,貿易取引は,物品給付の対価である通貨による反対給付であり,もちろんこれだけの法的効果の手法をもってしてもトヨタは成功したわけではない。この所有権移転の法的論理のほかに,トヨタはなにか他の取引上の手法を感知していたと思われる。つまり,これは**交換関係**(exchange relationships)に着目することであり,とくに流通チャネル管理において,アメリカの自動車メーカーとは異なった外国車のみを輸入する独立販売業者を採用したことがその証拠であると考えられる。この交換関係こそが,今日アメリカなどでいわれているマーケティングである。

交換関係については,F. R. Dwyer 他(1987)は,売り手と買い手の長期的な関係を維持するために,従来の独立した個別的契約(discrete contract)から,関係的交換(relational exchange)のマーケティング・モデルを開発するまでに至っている。いわば,これは売り手と買い手の信頼・協力関係などを強調する社会的交換といったところである。また,とくに注目すべきことは生産財分野におけるヨーロッパを中心とする IMP (International Marketing & Purchasing)グループによる相互作用論,およびネットワーク組織論に基づく国際マーケティングにおける実態調査などである。周知のとおり,アメリカのマーケティングで社会的交換なる概念がクローズ・アップされたのは,とくに1960年代の後半であったが,それ以前に IMP グループの理論主導者である J. Johanson がヨーロッパで主張していた。いずれにしても,わが国では,戦前の商社を先駆けとして戦後のメーカーを軸とする,たとえばトヨタの事例のとおり,Kotler, Johanson などが主唱する前に,実践に移していたのであり,ただ単にマニュアル化,ないし理論化されていなかったのではないかと思われる。

したがって,次節で日本企業が歩んできた三国間貿易取引契約の事例を検討し,最後に国際マーケティングのモデルへの接近を試みたい。

3 三国間貿易実務の取引契約例の検討

　第1節で述べた家電メーカーの場合は，シンガポールの自社工場であったが，ここでいう三国間貿易ないし仲介貿易の事例は，日本のメーカーが台湾のメーカーに対して委託生産に基づくという設定である。最終の買主はレバノン，荷送人は台湾の Siam Electronics Corp. である。

　日本の仲介者である Yoshida は，レバノンに対しては売主であり，台湾に対しては，委託生産契約に基づく買主の立場にあって結節点（nodes）に位置し，三角関係ないし三つの異企業の組織体間の関係にあり，二つの交換関係によっておのおのが結ばれている。しかしこの場合，国内取引ではないから，三国の異質の経済的・政治的・社会的・法律的環境が，各当事者間に相互に影響してあっていることに留意しなければならない。また，三者間でコミュニケートする言語は，英語であり，レバノンにとってはもとより，日本および台湾にとっても母国語を通した外国語であるので，当然に相互間で歪みが出るということである。ただし，日本と台湾のあいだでは，一部，日本語が使用されている。対象商品は，日本の Yoshida Electronics の brand および spec. に基づいて製造されるいわゆる OEM 商品の14インチのカラーテレビという設定である。まず，貿易取引契約書から検討に入る。

(1) 三国企業間の貿易取引契約書等

　資料8.1は，日本の Yoshida Electronics のレバノンの Keg Electronics に対する**売約書**（Confirmation of Sales Contract）である。通常，この売約書の発給のまえに買主の注文書（Purchase Order, P/O）が発行されるのが一般的である。注文書や売約書の書き方にも，ごく簡単にあっさりしているものから複雑なものに至るまで種々さまざまのようだ。おそらく，売約書などの書き方のスタイルと売主・買主間の信頼関係となんらかの関係があるのかもしれない。イギリスなどは通常，わりと簡単な注文書が多いように思われる。なぜならば，ヨーロッパ企業の実態調査でも実証されているようにイギリス企業の場合，売り手・買い手間の関係において法的形式よりも信頼関係を重視する傾向が強く，

ドイツはその逆ということであるからだ。実際に，ドイツなどと取引するさいには，契約書にしても厳しいことが多い。しかし，これはあくまでも憶測であって，確定的ではない。

　資料8.1の売約書における，とくに Remarks の条項1から5まで，および7の納期，仕向地，包装，保険，決済条件および shipping marks は具体的である。これは，売主にとっては，のちのちの貿易クレームなどが発生した場合の用心ともいえよう。これらの取引条件の規定は，一般的な貿易取引契約において頻繁にみられるごく標準的なものである。しかしながら，仲介貿易取引契約と通常の輸出取引契約と相違するところは，6項目の Special Instructions の部分である。"[1] A Stale B/L shall be acceptable" とするのは，信用状の要求書類送付が，三国間にまたがるので，郵便日数が通常の12日間の倍の24日間となり，当然に Stale B/L の21日間以上になる可能性が予測されるからである。実務上では，1ヵ月を超える場合も時にはありうる。"[2] On the B/L the name of shipper should be Siam Electronics Corp., Taipei, Taiwan"は，後に分かるように，レバノンに対する master L/C に基づけば，shipper 名は通常，Yoshida でなければならない。しかし，実際の台湾での荷主は Siam Electronics であるから，このように付記する。この詳細については，後に船荷証券のところで検討する。"[3] Documents shall be presented within 25days after the date of issuance of the shipping documents"は，いうまでもなく Stale B/L date プラス銀行ネゴ期間ということで25日としている。しかし，買い手によってはかならずしも長期のネゴ期間を歓迎しないので，前もって，十分な両者の打ち合わせが必要となる。このほか，先進国向けの特恵関税の Form A などの場合，銀行経由の船積書類等の回付期間が，相当日数かかるので，銀行を経由せずに Form A が別送されることが適切であろう。なお，売約書の裏面約款などについては，省略する。

　次に，資料8.2のレバノンから日本に対する **master L/C** をみることにする。これは，full cable L/C であり，周知のように通常はこのうえに通知銀行の covering letter が添付される。この master L/C に基づいて Yoshida は，台湾の Siam に対していわゆる back-to-back L/C（見返り信用状）を開設することになる。

第Ⅷ章　三国間貿易と国際マーケティング

資料8.1　売約書

YOSHIDA ELECTRONICS COMPANY LIMITED

Yoshida Bldg. 5-30 Sakuma-cho, Kanda, Tokyo 120-0110, Japan
Tel. 03-3510-1456　Telex. J19456 YHA　Cable : Yoshida, Tokyo
Fax No. 03-3510-6111

CONFIRMATION OF SALES CONTRACT

Order placed by Messrs.　Keg Electronics Ltd.　　　　　DATE　April 4, 20--

　　　　　　　　　　　P.B.O. 21-190, Beirut, Lebanon　　　CONTRACT NO.　0211-88

Contracted through _____

Agent's Indent No. _____

We, as Seller, hereby confirm having sold to you, as Buyer, the following goods in accordance with all the provisions here of.

　　　　　　　　　14 inch Color Television　　　　　CIF BEIRUT
　　　　　　　　　Model No. CTV1405, Yoshida　　　　IN US DOLLARS
　　　　　　　　　Brand, 220V (AC), 50Hz. (Made In Taiwan)
　　　　　　　　　250 sets @ $150.00　US$37,500.00

　　　　　　　　　　　TOTAL : 250 sets CIF Beirut　US$37,500.00

REMARKS :
1. TIME OF SHIPMENT : Within 60 days after receipt of your L/C
2. DESTINATION : Beirut, Lebanon, from Keelung, Taiwan
3. PACKING : Standard export packing, 1 set packed in each double carton
4. INSURANCE : Institute Cargo Caluses (A)/Institute Strikes (Cargo)/Institute War Clauses (Cargo) 1.1.1982
5. TERMS OF PAYMENT : By an irrevocable and confirmed L/C at sight in our favor
6. SPECIAL INSTRUCTIONS : (1) A Stale B/L shall be acceptable (2) On the B/L the name of shipper should be "Siam Electronics Corp., Taipei, Taiwan" (3) Documents shall be presented within 25 days after the date of issuance of the shipping documents
7. SHIPPING MARKS : As stated below
KEG
P/O 1511
BEIRUT
C/NO. 1-250
MADE IN TAIWAN　　　　　　**ATTACHED SHEETS ARE ANNEXED/OR NOT ANNEXED**

This Contract includes the general provisions set forth on the reverse side hereof. Please sign and return the duplicate copy to us. Do not make any change in this Confirmation. If any correction is necessary to reflect accurately all the provisions of our Contract, let us know immediately, by telephone or cable, and if we agree that the correction is necessary, we will send a revised confirmation for your signature. This Confirmation will become binding when you sign it, when we do not receive within ten(10) days after you receive this Confirmation your written advice that any correction is necessary, when you give us any instructions relating to this Contract or when you accept delivery of any goods covered hereby, whichever is earlier. This Confirmation shall not supersede any prior agreement between the parties relating to the goods covered hereby until this Confirmation becomes binding in accordance with all the provisions hereof.

　　　　　　　　　　　　　　　　　　Accepted and confirmed by :

(BUYER)　_____　　(SELLER)　_____

資料 8.2　Master L/C

ADVISE ADDING YOUR CONFIRMATION
M/S YOSHIDA ELECTRONICS CO LTD YOSHIDA BLDG. 5-30 SAKUMA-CHO KANDA CHIYODA-KU TOKYO-JAPAN
WE OPEN OUR IRREVOCABLE CREDIT NO : 11111
FOR NOT EXCEEDING USDOLLARS 37,500.00
BY ORDER AND FOR ACCOUNT OF KEG ELECTRONICS LTD. BEIRUT/LEBANON
AVAILABLE IN TOKYO UNTIL JULY 25, 20-- AGAINST SIGHT DRAFTS DRAWN ON OUR PRINCIPALS AS PER TERMS OF THIS CREDIT
COVERING ONE SHIPMENT NOT LATER THAN 30/6/20-- OF THE FOLLOWING GOODS :

14 INCH COLOR TELEVISION MODEL NO. CTV1405, YOSHIDA BRAND
220V (AC), 50HZ. (MADE IN TAIWAN) TOTAL QUANTITY 250 SETS

BY STEAMER FROM KEELUNG TO BEIRUT WITHOUT TRANSSHIPMENT C. I. F. BEIRUT

DOCUMENTS REQUIRED :

- SIGNED COMMERCIAL INVOICES IN TRIPLICATE CERTIFYING AT THE SAME TIME ORIGIN OF GOODS, CONTENTS ARE TRUE AND AUTHENTIC PRICES CORRECT AND CURRENT AND THAT IT IS THE ONLY INVOICE FOR THE MERCHANDISE DESCRIBED THEREIN. ONE ORIGINAL COPY AT LEAST MUST BE CERTIFIED BY THE CHAMBER OF COMMERCE AND LEGALIZED BY LEBANESE CONSULATE (IF AVAILABLE AT BENEFICIARIES' LOCATION).
- FULL SET CLEAN ON BOARD BILLS OF LADING TO ORDER AND BLANK ENDORSED AND SHOWING FREIGHT PREPAID. STALE B/L ACCEFTABLE AND ON THE B/L THE NAME OF SHIPPER SHALL BE "SIAM ELECTRONICS CORP., TAIPEI TAIWAN".
- CERTIFICATE OF ORIGIN SEPARATE OR INCORPORATED IN THE INVOICES.
- CERTIEICATE OF WEIGHT AND MEASUREMENT.
  INSURANCE POLICY OR CERTIFICATE ISSUED IN NEGOTIABLE FORM
  FOR INVOICE AMOUNT PLUS 10 PERCENT COVERING THE FOLLOWING RISKS :
  INSTITUTE CARGO CLAUSES (A) 1. 1.1982
  INSTITUTE STRIKES (CARGO) 1. 1.1982
  INSTITUTE WAR CLAUSES (CARGO) 1. 1. 1982

- SHIPMENT ON ISRAELI MEANS OR MEANS PASSING BY ISRAEL
  IS NOT ALLOWED AND DOCUMENTS SHOULD CONTAIN A CERTIFICATE TO THIS EFFECT.

IN REIMBURSEMENT KINDLY DEBIT OUR ACCOUNT WITH YOURSELVES, AND ADVISE US NEGOTIATION BY TLX.

PLEASE CONSIDER THIS TELEX AS OUR ORIGINAL INSTRUMENT
NO MAIL CONFIRMATION TO FOLLOW

THIS CREDIT IS SUBJECT TO THE UNIFORM CUSTOMS AND PRACTICE OF DOCUMENTARY CREDITS (1993 REVISION) INTERNATIONAL CHAMBER OF COMMERCE PUBLICATION NO : 500

第Ⅷ章 三国間貿易と国際マーケティング　163

資料8.3　P/O（Purchase Order）

YOSHIDA ELECTRONICS COMPANY LIMITED

PURCHASE ORDER

Yoshida Bldg. 5-30 Sakuma-cho, Kanda,
Chiyoda-ku, Tokyo, Japan
Tel.03-3510-1456 Tlx. J19456 YHA Cable：
Yoshida, Tokyo Fax. 03-3510-6111

Order date：April 20, 20--
Order No.　0211-88
Ref：

To Messrs.　Siam Electronics Corp.
　　　　　　　No.200 Sec. 5, Ho-Pin East Road
　　　　　　　Taipei, Taiwan

We confirm having bought the goods described at the price, terms and conditions stated hereon and overleaf.

Model：CTV1405　　Version：　　　Brand：Yoshida　　Buyer's Model：　．

Description：14 inch Color Television
　　　　　　Model No. CTV1405；Yoshida
　　　　　　Brand, 220V（AC）, 50Hz.

Accessories：　．　Instruction Manual：　　Warranty：　　Battery：　　Earphone：　　Origin Marks：
Spare parts：　　Other：

Quantity：	Unit Price：	Total：	Terms: FOB XXXXX XXXXX LXX
250 sets	US$135.00 C&F BEIRUT	US$33,750.00	Payment：By draft at 90 d/s under an irrevocable L/C in your favor

Packing: Sets Per Ctn.　　　Cubic Ft.　　　Gr. Wt.

Shipping marks：
KEG
P/O 1511
BEIRUT
C/No. 1-250
MADE IN TAIWAN

Shipping Dates：Latest by June 15, 20--
　　　　　　　（From Keelung, Taiwan to Beirut,
　　　　　　　　Lebanon）

Remarks：Unless otherwise stipulated on the face hereof,
　　　　terms and conditions of this P/O are exactly in
　　　　accordance with "Sub-Manufacturing Contract of
　　　　January 20, 20--

For And On Behalf Of　　　　　　　　For And On Behalf Of

Seller　　　　　　　　　　　　　　　Buyer：Yoshida Electronics Co., Ltd.

Date

しかし、この前に日本から台湾に対するP/Oの発給が、資料8.3のとおりに必要となる。P/Oは、比較的に簡単であり、remarksの「委託生産契約に基づく」という点が、キーポイントになる。ただし、委託生産契約書で日本と台湾の関係を明文化しただけでは、両者の取引の長期的関係は維持できない。両企業の販売部門や生産部門などの担当者間の社会的交換がなければ、信頼関係や協力体制が維持できない。なぜならば、委託生産の長所は、自らの海外生産工場を設立するよりはコストがかからないことだが、逆に相手企業をコントロールすることが難しく、時には組む相手が生産技術を吸収した段階で契約を破棄することも考えられるからだ。したがって、両者の法律関係は、最低条件であって、むしろ双方の社会的交換が、重視されねばならない。

(2) 三国企業間の信用状

見返り信用状を開設する場合には、master L/C条件に合致させることが基本条件である。一般的には、次のようなことに留意すべきである。

① L/C expiry date & latest shipment date
② B/L上のshipper/consignee/notify
③ 要求書類の送付方法
④ Master L/C no. & back-to-back L/C no.
⑤ Inspection clause/Form Aなどの要求書類
⑥ Shipping advice

日本から台湾に対する**見返り信用状**は、資料8.4のようなL/Cとなる。とくに、通常の輸入L/Cと相違するところは、special instructionsの部分である。"1) All documents must mention master L/C no.11111. This L/C no.must not to be mentioned"は、台湾側には、Master L/C no.がないので、とかく船積書類に日本からの見返り信用状の番号を付記しがちになるからだ。これは、上記の④についてである。"2) Beneficiaries' certificate to the effect that one set of non-negotiable copies of shipping documents has been airmailed directly to applicant"とするのは、あらかじめ、前もってMaster L/Cに基づいてネゴする準備を整えておくことの配慮からである。"3) Beneficiaries' certificate to the effect that they

資料 8.4　見返り信用状

ADVISING BANK : LEE BANK LTD., TAIPEI TAIWAN

WE ISSUED IRREVOCABLE CREDIT NO. 250/149811　　　　　　　　DATE APRIL 25, 20--
APPLICANT YOSHIDA ELECTRONICS CO., LTD.
YOSHIDA BLDG. 5-30 SAKUMA-CHO KANDA CHIYODA-KU TOKYO JAPAN
BENEFICIARY SIAM ELECTRONICS CORP. NO. 200 SECT 5, HO-PIN EAST ROAD TAIPEI TAIWAN
AMOUNT USDOLLARS 33,750.00
CREDIT AVAILABLE BY DRAFTS AT 90 DAYS AFTER SIGHT FOR 100 PERCENT INVOICE VALUE
DRAWN ON THE KAWAGUCHI BANK LTD. NEW YORK AGENCY NEW YORK NY
EXPIRY DATE JUNE 20 20--
LATEST SHIPMENT JUNE 15 20--
PARTIAL SHIPMENT PROHIBITED TRANSHIPMENT PROHIBITED
SHIPMENT FROM KEELUNG TAIWAN TO BEIRUT LEBANON
COVERING
250 SETS 14 INCH COLOR TELEVISION MODEL NO. CTV1405, YOSHIDA BRAND 220V (AC), 50HZ. (MADE IN TAIWAN) AT USDLS 135.00 PER SET CANDF BEIRUT
REQUIRED DOCUMENTS AS FOLLOWS :
-SIGNED COMMERCIAL INVOICES IN 6 COPIES CERTIFYING AT THE SAME TIME ORIGIN OF GOODS, CONTENTS ARE TRUE AND AUTHENTIC PRICES CORRECT AND CURRENT AND THAT IT IS THE ONLY INVOICE FOR THE MERCHANDISE
DESRIBED THEREIN. ONE ORIGINAL COPY AT LEAST MUST BE CERTIFIED BY THE CHAMBER OF COMMERCE

-CERTIFICATE OF ORIGIN
-CERTIFICATE OF WEIGHT AND MEASUREMENT, AND PACKING LIST
-FULL SET CLEAN ON BOARD BILLS OF LADING TO ORDER AND BLANK ENDORSED AND MARKED FREIGHT PREPAID. NOTIFY : KEG ELECTRONICS LTD. BEIRUT LEBANON
-SHIPMENT ON ISRAELI MEANS OR MEANS PASSING BY ISRAEL IS NOT ALLOWED AND DOCUMENTS SHOULD CONTAIN A CERTIFICATE TO THIS FEEFCT.

ALL BANKING CHARGES OUTSIDE JAPAN ARE FOR ACCOUNT OF BENEFICIARY
DOCUMENT TO BE PRESENTED WITHIN 5 DAYS AFTER THE DATE OF
ISSUANCE OF THE SHIPPING DOCUMENTS BUT WITHIN THE VALIDITY OF THE CREDIT

SPECIAL INSTRUCTIONS :
1)　ALL DOCUMENTS MUST MENTION MASTER L/C NO. 11111
　　THIS L/C NO. MUST NOT TO BE MENTIONED
2)　BENEFICIARIES' CERTIFICATE TO THE EFFECT THAT ONE SET OF NON-NEGO-TIABLE COPIES OF SHIPPING DOCUMENTS HAS BEEN AIRMAILED DIRECTLY TO APPLICANT
3)　BENEFICIARIES' CERTIFICATE TO THE EFFECT THAT THEY TELEXTED TO APPLICANT ABOUT THE PRODUCT NAME, THE NAME OF CARRYING VESSEL, ETC. BEFORE 3 DAYS BEFORE SHIPMENT
4)　INSPECTION CERTIFICATE SIGNED BY APPLICANT

INSTRUCTIONS TO NEGOTIATING BANK : NEGOTIATING BANK
-ALL DOCUMENTS TO BE SENT TO US IN ONE LOT BY EMS
-DRAFTS TO BE AIRMAILED TO DRAWEE BANK FOR REIMBURSEMENT
　SUBJECT TO U. C. P. 1993 ICC PUBLICATION NO. 500

telexed to applicant about the product name, the name of carrying vessel, etc. before 3 days before shipment"は，貨物の動静をつかんでおくこと，および海上保険を掛ける必要があるからである。もちろんのこと，包括保険であれば自動的に保険は掛かる。これは上記⑥の部分である。

　以上のとおり，上記の④と⑥については検討したが，残りの①，②，③，⑤に関しては，⑤はL/Cの"4) Inspection certificate signed by applicant"の項目で明記されている。②は，次の船荷証券の項目で述べる。①は，資料8.2および資料8.4を比較してみれば明確化できる。Master L/Cおよび見返り信用状のおのおのの船積み日とネゴ期間をまとめると下記のとおりになる。

Master L/C		Back-to-back L/C	
最終船積日	ネゴ期間	最終船積日	ネゴ期間
June 30	25 days	June 15	5 days

　見返り信用状の最終船積日およびネゴ期間は，master L/Cのそれよりはより短縮化し，余裕をもたせているということが重要である。③については，資料8.4の最後の部分，"Instructions to negotiating bank : negotiating bank :" "All documents to be sent to us in one lot by EMS"に示されている。通常の貿易取引では，買取書類が2回程度にわたって送付されることが多いが，仲介貿易では要求書類の送付日数が限定されているから，"in one lot"ということになる。より急ぐ場合，"EMS"つまり"Express Mail Service"の国際ビジネス郵便を利用すればよい。

　上記のとおり，信用状について検討した結果では，通常のL/Cよりは見返り信用状は複雑になっていることだ。信用状統一規則第5条に「混乱と誤解を防止するために，銀行は，信用状又はその条件変更のなかに過度の明細を入れようとする試みを差し控えさせるべきである」と規定されているように，あまり細かすぎることには問題がある。要は，組む相手の実務上の処理能力ということにあるのではないか。

(3) 三国企業間の船荷証券

資料8.5は Yoshida Electronics から，レバノンの最終買主に銀行経由で回付される B/L である。もちろん，最初は台湾の Siam が取得し，日本に回付された B/L ということである。もし仮に，日本と台湾の取引条件が C&F（CFR）ではなく，FOB 条件であば，日本で海上運賃を支払うから，複雑な手続きをとることになる。B/L 上もっとも重要な問題点は，資料8.5における shipper/consginee の部分である。商社などは，shipper の部分を master L/C の条件と合致させるためや，最終の買主に貨物の供給元を知られないように，台湾の実際の荷主のかわりに日本の信用状開設者を shipper 名と記入することが多々ある。統一規則第33条に「信用状にほかに異なる定めのないかぎり，銀行は，信用状の受益者以外のものを物品の荷送人として示している運送書類を受理する」とあるので，一応は外観的に妥当しているかにみえる。しかしながら，物品の所有権の移転の時期については，いろいろな論議のあるところであり，通常，所有権は船積みした段階で**外観的に移転する**のであって，日本から台湾への支払いが完了しないかぎり，完全に所有権は日本側に移転していないとするのが妥当していると思う。このような見方からすれば，たとえば shipper 名を Yoshida とするのは，違法性が強いということになる。したがって，原則的には，台湾の荷主名にすることが妥当しているのではないかと考えられる。

(4) 三国企業間の検査証明書等

問題は，Inspection clause を L/C 条件のなかに付記するかどうかについてである。一般的には，台湾側は，このような項目を入れることに対して反発するのが普通である。なぜならば，台湾側からすれば market claim などの場合には，不利になると考えるからである。しかし，日本側としては，いかなる品質の製品が船積みされるか一抹の不安を覚えよう。要は，両者間の技術的交換および社会的交換が頻繁に行われ，相互の信頼感や協力し合う一定のルールが確立されねば，問題は解決できないのではないかと思われる。いわば，この事例では，両者の信頼関係が，あまり深くないことを示しているともいえる。

資料 8.5　B/L（船荷証券）

Shipper SIAM ELECTRONICS CORP. TAIPEI, TAIWAN	**B/L No.** ABC-007

ABC-LINE
Combined Transport Bill of Lading

Consignee or order TO ORDER	Shipped in apparent good order and condition unless otherwise stated herein on board the ocean vessel named herein (or on board a pre-carrying vessel or other means of transport if the place of receipt is named herein) for transportation subject to the terms hereof, the total number of containers or other packages or units enumerated below. One of the signed Bills of Lading must be surrendered duly endorsed in exchange for the Goods or delivery order. On presentation of this document (duly endorsed) to the Carrier by or on behalf of the Holder, the rights and liabilities arising in accordance with the terms hereof shall (without prejudice to any rule of common law or statute rendering them binding on the Merchant) become binding in all respects between the Carrier and the Holder as though the contract evidenced hereby had been made between them
Notify Party KEG ELECTRONICS LTD. BEIRUT, LEBANON	

Vessel	Place of receipt	Port of Loading
BLUE SKY 21451	KEELUNG CY	KEELUNG, TAIWAN

Port of Discharge	~~Place of Delivery~~	Number of original B/L
BEIRUT, LEBANON	BEIRUT CY	THREE (3)

Declared by Shipper

Container No.	Marks and Numbers	Quantity	Type of Packages - Description of goods	Gross Weight kgs	Measurement M3
	KEG P/O 1511 BEIRUT C/NO. 1-250 MADE IN TAIWAN MSCU 24512447 MEL 35181	1 CONTAINER (250 CARTONS)	"SHIPPER'S LOAD & COUNT" "SAID TO CONTAIN" 250 SETS 14 INCH COLOR TELEVISION MODEL NO. CTV1405 YOSHIDA BRAND 220V (AC) 50HZ (MADE IN TAIWAN) "FREIGHT PREPAID" "L/C No. 11111" TOTAL: ONE(1) CONTAINER ONLY.	(KGS) 3,250	(M3) 28.850

COPY
NON-NEGOTIABLE

Freight & Charges	Rev. Tons	Rate	Prepaid	Collect

~~FREIGHT AS ARRANGED~~
FREIGHT PREPAID

The present contract agreed upon is subject to the conditions on back and to terms of carrier's applicable tariff

In witness whereof this number of original bills of lading stated above, all of the tenor and date, one of which being accomplished the others shall stand void.

JUN. 10 20--

Signature of Shipper	Place & Date of Issue	JAPAN As Agent(s) only

4　クモの巣組織網均衡化理論

　以上の検討の結果，三国企業間の交換関係などの理想的なモデルを図で示すと，本書の第Ⅰ章第6節の(2)の図1.6のとおりになると考えられる。

　この基本的な三国企業のほかに派生し，介入してくる関係者は，主に銀行，船会社，通関業者などであろうし，他にもたとえば，C（台湾）当事者の下請け企業や部品供給者といったものが想定される。また，B（日本）側は，直接相手側と取引をせずに，商社などを介入させ，かつ，各国の銀行や船会社などの同士間でも，直接のつながりがあるかもしれない。いわば，三国企業を中心として，クモの巣のような一つのネットワーク状が形成されていることである。しかし，いつどの部分かにおいて，いずれかの企業が脱退したり参入したりして，その全体の網状は不安定な場合があるし，安定することもある。まさに，そのネットワーク状における需要企業や供給企業などが複合・多重化して，時にはメンバーの入れ替えを行い，ないし差別化し，均衡位置を保持しょうとするから，さしずめ「クモの巣組織網均衡化理論」もしくは「日本型企業組織網の均衡化理論」といえよう。この理論をベースに拡張したものは，第Ⅰ章第6節の(3)ですでに説明している。

　Bの場合には，Aに対して売り手であり，Cにとっては買い手であり，Aにせよ輸入した製品を現地で，小売業者や問屋に販売しなければならないし，Cも下請け業者から購入することがある。いわば，三者は同じ立場にあり相互に依存し合っている側面もある。しかし，Aの市場で競争が激しくなれば，当然にBに対して値引きなりを要求するだろうし，BはCにその旨を伝達し，値引き交渉に入るであろう。Cがもし仮に価格引き下げに応じなければ，Bは自己の取り分を削減するか，Cより他の供給者を模索するかもしれない。また，AとCが直接結びつくことがありえるし，前に検討した事例では，Bのブランド製品はある程度差別化されているので，両者の直結は難しい。Bが商社などの場合には，それがより容易であろう。なぜならば，当事者のもてる資源（resources）によって，その立場が異なるからだ。焦点企業は，このクモの巣組織網を安定化

させるために，相手企業を内部化したり，時には自己の所有にしてしまうのである。

　所有権の移転にかかわる物品の流れや金銭の流れは，お馴染みのものではあるし，いわばこれらの流れは，究極的にもっとも企業が意図するところである。要は，企業にしてみれば相手のもてる資源をいかにして，最小のコストでかちうるかが問題なのであり，とくに相手側が内部組織でない場合は，ことさらに難しい。したがって，共通の価値観や信頼感などをもちだすことによって，説得しなければならない。かつては，相手側が説得に応じなければ，武力を行使して略奪できた時代もあった。現代社会の市場システムでは一応，「私的所有権」および「契約自由の原則」が，近代市民法の前提として保障されている。すなわち，問題の所有権に関する物品や金銭の流れは，制度が付与する一定のルールに基づく結果において，生じるところのフローであって，もう一つの流れである社会的/技術的/情報的/事務的交換などの流れは，前者の物品などの流れを補完するフローに過ぎないと思われる。しかし，KotlerにしてもIMPグループにしても，これらの流れを同一のものとして処理しているのではなかろうか。確かに，これらの流れは，**外観的には**同一なものなのであろうが，市場システムの法的安定化装置ともいうべき物品・金銭の流れは，長期にわたる所有権思想にかかわる人間経済の史的過程のなかではぐくまれてきたものである。

　つまり，広い視点にたてば，C. Mengerが指摘しているように，人間経済および所有は共通の起源をもっていることだ。しかし，これではあまりにも広範囲にわたるから，貿易取引にかかわる所有権問題に限定して考察してみよう。たとえば，従来は契約当事者以外の輸出金融者などに対して，貨物の権利を全く認めていなかったのが，委託代理商法や船荷証券法の改正により，貨物の担保権を第三者に譲渡できるようになった。換言すれば，これは，契約当事者の絶対的所有権の移転と，貨物を担保として与信する金融機関などの制限的所有権の移転が，法的に明確に区別され，船荷証券の準流通性も認められた史的背景を物語るものといえる。

　もう一つの流れである，社会的交換は，常に組織間では協力と衝突が起りう

第Ⅷ章　三国間貿易と国際マーケティング　171

るから、当事者間で時には対面したりその結びつきを強化・確認し合うために，信頼感や親近感を醸成することを目的とする。技術的交換は，主に当事者間で技術上の問題が派生した場合など，相互に問題解決をはかるといったことである。もちろんのこと，製品開発の交換もあろうし，その交換度合は扱う製品によって異なる。とくに，今日のような競争の激化した国際市場では，もっとも重要な部分であるかもしれない。情報的交換は，主にマーケティング情報を意味し，いかなる製品が要求されているのか，どのように製品化し，いかなる価格で販売できるかといったことである。最後の事務的交換は，各国の貿易手続き，船積書類の送付，船積み前およびその後のフォローアップなどであり，この側面は今後省力化され，事務機械化されよう。これらの流れは，いわば主体としての当事者間の相互作用化によってなりたっている部分であり，主に当事者間の媒体としての**コミュニケーション**によって，具体化され，実現されるのではないかと考えられる。

　最後に，結論的に仮説的命題についていえば，「国際マーケティング（取引）における売り手および買い手の長期的関係を維持し，日本型企業組織網（クモの巣組織網）を安定化させるには，法的関係は，あくまでも物品等の所有権にかかわる基本的条件である。とくに社会的/技術的/情報的/事務的交換などによって補完することが肝要である。しかも，その組織網は通常，差異化される傾向が強い」ということになるのではなかろうか。ただし，「社会的/技術的交換などによって補完する」としたが，これらの交換部分が現在では，企業の主体的マーケティング活動である。かつその組織の安定と進歩といった視点からすれば，今日のように競争が激化した国際市場において，企業は自己組織化し，組織内部はもとより対外組織をも差異化し，企業存続のためには革新をはからねばないことは当然のことになろう。

　しかし，この命題にしても，いまだラフなものであって，実態調査などにより検証されるべきであるし，その場合，相互作用理論やネットワーク組織論などもってすれば，相対的に容易と思われる。したがって，より詳細な理論づけと実態調査が今後の課題である。

[以上の説明は，拙稿「三国間貿易契約から国際マーケティングへのネットワーク論的一考察—取引契約実務例を中心として—」（横浜商科大学学術研究会編『横浜商大論集』第22巻第2号　1989年）による。]

【主要参考文献】

粕谷慶治・山田晃久『国際貿易論』学文社　1990年
石田貞夫・東京銀行貿易投資相談所編『貿易取引』(新版)　有斐閣　1980年
石田貞夫『新しい貿易取引の実務』同文舘　1986年
石田貞夫編『貿易用語辞典』(最新版)　白桃書房　1983年
石田貞夫・中村那詮『新貿易取引』有斐閣ビジネス　1990年
上坂西三『貿易契約』東洋経済新報社　1960年
上坂西三『新訂 貿易実務』東洋経済新報社　1977年
上坂西三『貿易用語辞典』(全改訂版)東洋経済新報社　1979年
浜谷源蔵『最新貿易実務』同文舘　1986年
浜谷源蔵『船荷証券と傭船契約書』同文舘　1979年
浜谷源蔵監修『貿易実務辞典』同文舘　1989年
朝岡良平『貿易売買と商慣習』東京布井出版　1978年
斎藤祥男『求償的貿易の研究』第一書林　1991年
中村弘『貿易業務論』東洋経済新報社　1983年
下田良衛編『貿易手続全解』(第25版)貿易弘報社　1979年
錦織健一編『貿易手続全解』(第30版)貿易弘報社　1987年
錦織健一編『貿易手続全解』(第33版)貿易弘報社　1991年
貿易保険機構編『貿易保険制度の解説』(22版)　1990年
千野忠男監修・藤川鉄馬編『最新 外為法の実務』大蔵財務協会　1990年
宮下忠雄『輸出入外国為替実務辞典』実業之日本社　1986年
原猛雄『貿易契約の研究』ミネルヴァ書房　1978年
北脇敏一『国際関係法Ⅱ(国際私法)』評論社　1976年
東京銀行編『新版 貿易と信用状』実業之日本社　1987年
東京銀行貿易投資相談所編『外国為替の実務』日本経済新聞社　1986年
河崎正信『D/P，D/A手形の性質』外国為替貿易研究会　1980年
沢田寿夫『国際取引法講義』有斐閣　1986年
浅田福一『国際取引契約』(改訂新版)東京布井出版　1977年
中野宏一『貿易マーケティング・チャネル編』白桃書房　1988年
伊丹敬之『日本的経営論を超えて』東洋経済新報社　1982年
野中郁次郎『企業進化論―情報創造のマネジメント』日本経済新聞社　1985年

山田勝『近代イギリス貿易経営史』創成社　1981年

猪谷善一『貿易史』文化書房博文社　1968年

P. W. ターンブル他編・山田晃久訳『国際マーケティング―ヨーロッパ企業の行動特性と戦略』白桃書房　1985年

有沢広巳監修・山口和男他編『日本産業百年史』（下）日本経済新聞社　1967年

D. K. バーロ著・布留武郎他訳『コミュニケーション・プロセス』協同出版　1972年

郵政省編『通信白書』（平成3年版）大蔵省印刷局　1991年

通商産業省編『通商白書』（平成元年版）大蔵省印刷局　1989年

通商産業省編『通商白書』（平成2年版）大蔵省印刷局　1990年

通商産業省編『通商白書』（平成3年版）大蔵省印刷局　1991年

山田晃久「豊かな経済と貿易―国際収支表にない精神文化の交易」（横浜商科大学公開講座委員会編『「豊かさ」と社会』）南窓社　1989年

山田晃久「ライフスタイルの創造―経済的・社会的交換」（横浜商科大学公開講座委員会編『90年代の経済と市民』）南窓社　1990年

山田晃久「アジア太平洋経済と日本―西欧的合理主義とアジア的価値体系」（横浜商科大学公開講座委員会編『激動の時代を生きる』）南窓社　1991年

山田晃久『1，2級事務専門士　貿易部門テキスト』日本人材派遣協会　1999年

天野明弘『貿易論』筑摩書房　1986年

伊藤元重『ゼミナール国際経済入門』日本経済新聞社　1989年

小林通『外国貿易論』高文堂　1987年

藤井茂『貿易政策』（改訂版）千倉書房　1977年

藤井茂『経済発展と貿易政策』（4版）国元書房　1966年

今井賢一他『内部組織の経済学』東洋経済新報社　1982年

佐和隆光『経済学とは何だろうか』岩波書店　1985年

宮沢健一『現代経済学の考え方』岩波書店　1989年

宇沢弘文『経済学の考え方』岩波書店　1989年

宮本光晴『人と組織の経済学』東洋経済新報社　1987年

美濃口武雄『経済学史』有斐閣　1979年

O. E. ウィリアムソン著・浅沼万里他訳『市場と企業組織』日本評論社　1980年

P. M. ブラウ著・間場寿一他訳『交換と権力』新曜社　1974年

カール・メンガー著・八木紀一郎他訳『一般理論経済学（Ⅰ），遺稿による「経済学原理」』（第2版）みすず書房　1982年

K. ポランニー著・玉野井芳郎他訳『人間の経済 I』岩波書店　1980年

Kotler, P., et al.(1985), *The New Competition.*

Emerson, R. M. (1962), "Power-Dependence Relations," *American Sociological Review*, 27(Feburuary) 1,

Cook, K. S., Emerson, R. M., et al. (1983), "The Distribution of Power in Exchange Networks: Theory and Experimental Results," *American Journal of Sociology*, 89-2.

Hakansson, H.ed.(1987), *Industrial Techonological Development, A Network Approach.*

Hakansson, H.ed.(1982), *International Marketing and Purchasing of Industrial Goods.*

Alderson, W."A Normative Theory of Marketing Systems," (Cox, R. et al eds. (1964), *Theory in Marketing*).

Alderson, W.(1957), *Marketing Behavior and Executive Action.*

Yamada, T.et al.(1984), "Interactive Marketing-The Japanese Approach," *Management Research News,* 7-4.

索　引

ア　行

一覧払い手形　97, 117
一般的取引条件　83
Eメール　105, 123
インコタームズ　88
インボイス　102, 107, 139, 147
受取人　115
受渡し条件　94
運送書類　118
運送人渡し（FCA）　90
運賃込み（CFR）　89
運賃・保険込み（CIF）　89
S/O　103
オファー　25, 132, 135
　逆——　25

カ　行

海外事業資金貸付け保険　79
海外生産　37, 51
海外投資保険　78
外国為替及び外国貿易管理法　14, 66
海上貨物通関情報処理システム　109
海上保険　97
改正アメリカ貿易定義　88
外為法　14, 66
　改正——　70
　旧——　68
　新——　69
買付け活動　34
買取銀行　115, 120
価格競争力　19
価格条件　88
価格の建て方　88
貨物の引取り　109
カラーテレビ　38, 52, 56, 92, 152

為替手形　139, 146
為替変動保険　78
環境的要因　25
感情移入　128
感情の摩擦　12, 62, 63, 65
関税自主権　13
規格売買　87
企業文化　10
期限付き　97, 117
技術的交換　41
居留地貿易　13
銀行ネゴ　119
金輸出の再禁止　66
クモの巣組織網均化理論　44, 169
クレーム処理　25, 151
グローバリズム　12, 23
経済的・社会的交換モデル　39
契約の成立　25, 82, 135
契約の反復　25, 151
決済条件　96
言語的媒体　122
　非——　122
検査　100
検査証明書等　167
原産地証明書　151
現実的引渡し　89
検数人　103
検量　100
交換関係　35, 158
航空輸送貨物　110
工場渡し（EXW）　89
国際競争力　19
国際商業会議所　88
国際複合一貫運送　109
国際分業　17

索　引　177

国際マーケティング　21, 155
国境持込み渡し(DAF)　92
固定相場制　15
個別的取引条件　85

　　サ　行

指図式船荷証券　118
三国間貿易　37, 153, 154
三国間貿易実務　159
CFS 扱い　103
自家取り　106
自動車　58
品揃え　95
仕向銀行　116
仕向地持込み渡し(DDP)（関税込み）　91
仕向地持込み渡し(DDU)（関税抜き）　91
事務的交換　41, 170
支払渡し　97, 116
社会的交換　41, 170
社会的摩擦　12, 62, 63, 65
受益者　115
商館貿易　13
承　諾　25, 135
象徴的引渡し　90
仕様書売買　87
情報的交換　41, 171
触媒作用的機能　25, 130
書類取引　115
CY 扱い　104
人材育成活動　35
信用状　114, 115, 139, 140
　――と貨物のフロー　114
　――に基づかない荷為替手形　97, 116
　――に基づく荷為替手形　97, 113
　――の種類　113
信用状付手形買取依頼書　120
信用状付輸出手形買取依頼書　150, 151
信用状統一規則　115

数量条件　93
ステベ　103
繊　維　56
全危険担保　98
戦後の貿易　14
戦前の貿易　13
船側渡し(FAS)　89
総揚げ　106
相互作用　36, 126
総積み　103
組織・管理　35
その他の書類　118
損害てん補の範囲　97

　　タ　行

第一次石油ショック　16
第二次石油ショック　16
代金決済　25
多角的コミュニケーション　123
多国間貿易　11
多国籍企業　27
多国籍の活動　27
単独海損担保(W. A.)　98
単独海損不担保(F. P. A.)　98
担保危険　97
弾力的　31
弾力的貿易経営戦略モデル　30
仲介貿易　154
仲介貿易保険　75
中継貿易　154
注文書　139, 159
通関・船積み　25, 139
通常決済　112
通知銀行　115
積出品質条件　88
D/A　97, 116, 117
D/O　106
定型貿易条件　88

呈示銀行　116
D/P　97, 116, 117
鉄　鋼　57
デル・クレデ　76
電子商取引　105
電電公社資材調達　57
特殊決済方法　112
　　　──に関する省令　112, 154
取立銀行　116
取立統一規則　116
取引条件　82

ナ　行

名宛人（支払人）　115, 120
ナショナリズム　10, 12, 23
荷受人　119
荷為替信用状　113
荷為替手形　97, 111, 115
荷為替手形買取依頼書　120
二重構造的比較優位性　19
荷　印　101
日米構造協議　52
荷付き為替手形　111
日本型企業組織網の均衡化理論　43, 169
日本企業の課題　46
ノイズ　127

ハ　行

売約書　138, 139, 159
場所的・時間的効用　95
パッキング・リスト　139
発行依頼人　114
発行銀行　114
販売活動　34
B/L　118, 139
P/O　139, 159, 169, 164
非価格競争力　19
比較生産費説　49

比較優位の原理　12
比較優位の構造　19
引合い　25, 132
引受渡し　97, 116
ビジネス・コミュニケーション　121
標準品売買　87
品質決定方法　86, 87
品質条件　86
品質の決定時期　88
フィードバック　126
普通輸出保険　77
埠頭持込み渡し(DEQ)　91
船卸し　105, 106
船積み　100, 102
船積み案内・書類整備　106
船積み案内・書類送付　104
船積指図書　103
船積時期　95
船積書類　118
船荷証券　118, 139, 145, 167, 168
振出人　115
文化交流基金システム　50
変動相場制　15
貿易一般保険　77
貿易管理制度　51
貿易金融　111
貿易クレーム　24, 25, 151
貿易決済　111
　　　──の方法　112
貿易コミュニケーション　129
貿易政策　49
貿易戦略　26
貿易取引　10, 22
　　　──のフロー　24
貿易取引契約　82
貿易取引条件要素　26
貿易のメカニズム　17
貿易保険制度　75

索　引　179

貿易保険法　154
貿易摩擦　51
貿易利益　17
法学的考察　29
包　装　100
保険証券　139, 143
保険条件　97
保険書類　118
保証状　106
保税地域　102
ボーダーレス　23
　──・エコノミー　12
本船持込み渡し(DES)　91
本船渡し(FOB)　89

マ　行

前払輸入保険　77
マーケティング・ミックス　26, 157
見返り信用状　164, 165
見積書　132, 133
見本売買　86
銘柄売買　86

ヤ　行

輸出検査法　101

輸出志向型　27
輸出申告　102
輸出申告書　102, 139, 144
輸出許可　102
輸出（許可・承認）申請書　139, 141
輸出代金保険　77
輸出・多国籍的マーケティング　153
輸出通関手続き　100
輸出手形保険　78, 117
輸出手形保険制度　117
輸出貿易管理令　139
輸出保証保険　78
輸送費込み(CPT)　90
輸送費保険料込み(CIP)　90
輸入許可　105, 107, 109
輸入申告　107
輸入通関手続き　105
容積重量証明書　101

ラ　行

陸揚品質条件　88
ロジスティックス　110

ワ　行

ワルソー・オックスフォード規則　89

山田晃久(やまだてるひさ)
- 1940年　生まれ
- 1964年　米国カリフォルニア州立サンフランシスコ大学経営学部卒業，Bachelor of Arts取得，米国F. W. Woolworth Co., 旧入丸産業（現日鉄商事）を経て，貿易コンサルタントとして独立
- 1983年　明治大学大学院商学修士
　　　　（国際貿易論・国際ビジネス論専攻）
- 現　在　横浜商科大学商学部貿易観光学科教授　日本貿易学会会長　労働大臣認定「事務専門士」貿易部門試験委員

マクロミクロ　貿易取引【第二版】　◎検印省略

2000年4月10日　第二版第一刷発行
2009年4月10日　第二版第四刷発行

著　者　山　田　晃　久

発行所　株式会社　学　文　社
発行者　田　中　千津子

郵便番号　153-0064
東京都目黒区下目黒 3-6-1
電　話　03（3715）1501（代）
振替口座　00130-9-98842

乱丁・落丁の場合は本社でお取替します　印刷所　シナノ株式会社
定価は売上カード，カバーに表示

ISBN978-4-7620-0953-2